天津社会科学院学术著作出版资助项目

新时代人民群众观研究

李少斐/著

天津社会科学院出版社

图书在版编目（CIP）数据

新时代人民群众观研究 / 李少斐著. -- 天津 : 天津社会科学院出版社, 2022.2
ISBN 978-7-5563-0804-0

Ⅰ. ①新… Ⅱ. ①李… Ⅲ. ①中国共产党－群众路线－研究 Ⅳ. ①D252

中国版本图书馆 CIP 数据核字(2022)第 033262 号

新时代人民群众观研究
XINSHIDAI RENMIN QUNZHONGGUAN YANJIU

出版发行：天津社会科学院出版社
地　　址：天津市南开区迎水道 7 号
邮　　编：300191
电话/传真：（022）23360165（总编室）
（022）23075303（发行科）
网　　址：www.tass-tj.org.cn
印　　刷：高教社（天津）印务有限公司

开　　本：787×1092 毫米　1/16
印　　张：10.25 印张
字　　数：160 千字
版　　次：2022 年 2 月第 1 版　2022 年 2 月第 1 次印刷
定　　价：68.00 元

目　录

第一章　新时代人民群众观:新时代中国特色社会主义思想的重要创新成果

马克思主义人民群众观是由群众史观、群众观点和群众路线等组成的系列理论观点的总和。群众路线是马克思主义唯物史观及其科学实践观的运用和实践,是马克思主义人民群众观的方法论,是共产党重要的领导方法和工作方法。中国特色社会主义进入新时代,改革不停顿、开放不止步,中国同世界深度互动、向世界深度开放,以习近平同志为核心的党中央领导集体在新的历史条件下总结国内外发展经验,在新的历史起点上“接力”解决时代新课题,既不走封闭僵化的老路,也不走改旗易帜的邪路,统筹推进“五位一体”总体布局和协调推进“四个全面”战略布局,坚持和发展中国特色社会主义事业,不断取得新成就、开创新局面。在推进党和人民事业不断前进的实践中,形成了具有新时代内涵的群众观点和群众路线,使马克思主义人民群众观得到进一步发展,党的群众路线得到进一步坚持和贯彻,党同人民群众的血肉联系得到进一步加强,党的群众路线实践发展到一个新阶段。

我们注意到,在习近平新时代中国特色社会主义思想体系中,几乎所有理论观点都贯穿着如何坚持以民为本、以人为本这一条红线,几乎所有理论观点都是围绕着如何坚持以人民为中心的发展,如何贯彻落实党的群众路线这个根本,着力解决“为了谁、依靠谁、我是谁”这个根本问题展开。可以说,在习近平新时代中国特色社会主义思想里,讲得最多、最深、最透,最富有创见的,就是关于人民群众的话题,即关于党同人民群众的关系问题,新思想、新观点、新论断也在此体现得最充分。这些关于群众观点和群众路线的新思想、新观点、新论断，与党的其他理论创新成果一起，极大地丰富发展了党的科学理论，成为新时代坚持和发展中国特色社会主义的最新最重要的理论成果，成为习近平新时代中国特色社会主义思想的核心内容。

新时代人民群众观贯穿着解放思想、实事求是、与时俱进、求真务实的精神，在尊重社会发展规律与尊重人民主体地位有机统一方面，达到了新的历史高度，具体表现为把坚持以人民为中心的发展这一核心的精神，充分贯彻到新时代治国理政的全部实践中，在实践中比较圆满地解决了如何把人民对美好生活的向往作为共产党的奋斗目标，如何更有效、更科学地为人民谋福祉这一根本问题。目前，随着党和人民事业的不断发展，人民群众的队伍空前扩大，党群、干群关系的形势喜人也逼人：党群、干群关系的现实状况紧密关联着执政党的最大政治优势与最大政治风险，党的群众路线实践也在应对历史性机遇和时代性挑战中不断向前推进，随着党和人民事业的发展不断获得新的实践内容和内涵，不断积累起新的实践经验。

中国特色社会主义进入新时代①，人民群众所处的客观地位和所起的客观作用具有了新的时代特征，要求我们对人民群众地位作用的理论认识与时俱进，新形势下群众路线实践的新发展也要求我们的人民群众观不断发展。群众路线实践中遇到了新情况、新问题，新经验也亟待专业理论工作者积极跟进，从理论上

---

① 习近平同志强调，“我们依然处在马克思主义所指明的历史时代”。马克思主义经典作家所讲的时代，主要是一个社会历史范畴，主要指具有明确生产关系和经济社会形态属性、鲜明阶级本质和统治方式的社会历史时期，是一个总体性的、本质性的、体现社会发展规律趋势的“大的历史时代”。划分时代依据的标准不同，就会有不同的时代认知，马克思主义关于时代划分的标准基于唯物史观，马克思运用唯物史观阐明了划分时代的主要依据和根本标准，在马克思、恩格斯和列宁的著作中，都以不同角度和方式使用过“时代”这个概念。比如在马克思和恩格斯的著作中，有“历史时代”“革命时代”“社会时代”“文化时代”“原始时代”“史前时代”“古希腊罗马时代”“中世纪时代”“封建时代”“资产阶级时代”等表述；在列宁的著作中，使用过“宗法制时代”“资产阶级民主议会制时代”“无产阶级专政的时代”“无产阶级政治统治的时代”“帝国主义战争时代”等表述。总的看，这些“时代”概念的使用，有的是指具有明显标志性的历史时期或阶段，有的是指具有明确生产关系和经济社会形态属性、鲜明阶级本质和统治方式的社会历史时期。马克思的“时代”概念不是单一的经济、科技、文化等的概念，而是政治的、社会的、历史的范畴，要从社会历史发展和世界格局的整体上来正确把握一个时代及其特征，即该时代占主导和统治地位的生产方式、阶级力量及社会制度性质。

予以反映、提升与总结,加大理论研究和阐释力度。本课题通过对新时代人民群众观的深入研究,进一步深悟新时代中国特色社会主义思想内蕴的坚定信仰追求、历史担当意识、真挚为民情怀、务实思想作风,进而不断深化对党的理论创新成果的理解和把握,进而为深入学习贯彻习近平新时代中国特色社会主义思想,在重大理论认知上向以习近平同志为核心的党中央看齐,提供足够的学理支撑,这无疑是本研究的学术价值所在。从实践层面看,本课题对于执政党固本培元,坚定理想信念,增强政治定力,不断提高在中国特色社会主义道路上实现中国梦的思想自觉和行动自觉,具有一定的理论价值,对于在具体实践中不断创新贯彻党的群众路线的新路径、新方法具有一定的现实意义。

本课题立足于马克思主义在当代中国发展的实践基础和现实需要,对习近平新时代中国特色社会主义思想的人民群众观(贯穿在党的全部理论和实践之中)进行新的理论概括和阐释,深入探究这一鲜活的马克思主义最新成果与之前的相关成果"一脉相承,承在哪里","与时俱进,进在何处"的问题,进一步深入挖掘它的理论渊源、哲学基础、理论品格和实践特色,重点是研究它的实践逻辑,进而深刻揭示党的人民群众观、群众路线理论之树常新、长青的内在理据与现实启示。

一、学术回顾与文献综述

全面准确掌握相关理论问题的研究动态与最新进展,熟悉学术界不断更新的思想观点,是深化对这一问题研究的前提,所以,首先要对已有研究所提的思想观点及存在的问题局限进行学术回顾与综述,进而明确本课题研究的学术起点和增长点所在。

(一)关于新时代人民群众观的内涵、思想精髓和精神实质的研究

关于新时代人民群众观的内涵、思想精髓和精神实质的研究是习近平新时代中国特色社会主义思想研究的重要领域,代表性的观点主要有:

郭淑颖、王平认为,习近平总书记的系列重要讲话,发展了马克思主义群众观若干重要观点,提出了群众意愿、群众评判和人民幸福的群众主导观,工人阶级领导、"三农"发展和工农关系为主体的群众结构观,以基层和困难群体为着力点的群众工作观,崇尚劳动、造福劳动者的群众创造观,满足物质需求和精神需

求相统一的群众利益观。① 王伟光认为，习近平总书记的系列讲话贯穿了我们党实事求是、群众路线、独立自主的马克思主义立场、观点、方法，也就是马克思主义、列宁主义、毛泽东思想和中国特色社会主义理论体系所贯穿的基本立场、基本观点、基本方法，马克思主义哲学世界观方法论是一脉相承、一以贯之的一条红线②，这是贯穿于习近平总书记系列重要讲话之中的活的灵魂和精神实质。韩振峰认为，习近平总书记的人民群众观深刻蕴含了我们党全心全意为人民服务的根本宗旨，很好地体现了一切为了群众、一切依靠群众，从群众中来、到群众中去的群众路线内涵，内蕴于中国共产党人“为民、务实、清廉”的崇高价值追求之中，贯通于新的领导集体为人民担当责任的执政理念之中，贯通于“大道之行、民为邦本”的为民情怀之中，并具体转化在治国理政的全部实践之中，特别是把党的正确主张变为群众自觉行动的具体实践之中。③ 何毅亭等认为，习近平总书记关于人民群众的论述坚持和贯彻了马克思主义的唯物辩证法，体现了与时俱进的理论品质和实践要求，为坚持和发展中国特色社会主义注入了新的丰富内涵，具有系统性、辩证性、人民性、实践性、引领性等理论特质和理论品格，认为习近平总书记的人民群众观是坚持解放思想、实事求是的思想路线，是准确把握客观实际、科学掌握客观规律的创新产物，认为总书记“人民对美好生活的向往，就是我们的奋斗目标”的质朴话语，昭示了中国共产党人的价值追求与奋斗目标，深深地打动和温暖了亿万中国人民的心，这既是新一届中央领导集体对全体党员的谆谆告诫，也是对全国人民的庄严承诺，这表明当代中国共产党人更加关注民生，已经把人民的幸福作为自己的执政理念和目标取向，体现了共产党人深深的为民情怀。④ 这些观点几乎都认为新时代人民群众观的本质是密切党群关系，核心是正确处理人民内部矛盾。

---

① 郭淑颖、王平：《十八大以来马克思主义群众观若干重要观点的新发展》，《东北师大学报》（哲学社会科学版）2015 年第 1 期。

② 王伟光：《马克思主义中国化的当代理论成果——学习习近平总书记系列重要讲话精神》，《中国社会科学》2015 年第 10 期。

③ 参见韩振峰：《新中国成立以来中国共产党人民群众观的发展历程及经验启示》，《中华魂》2019 年第 11 期。

④ 参见何毅亭：《马克思主义的当代价值》，《学习时报》2018 年 5 月 15 日；《伟大思想理论因何伟大？》，《学习时报》2018 年 2 月 14 日。

总括多数研究者的观点,可以看出学界在关于新时代人民群众观的基本内涵上基本可以达成共识:新时代人民群众观是当代中国共产党关于如何对待人民群众的观点总和,新时代人民群众观实质上是党的世界观和方法论的外在表现,新时代人民群众观是唯物主义历史观的核心内容,贯通于整个马克思主义理论的各个方面。学界认同:习近平总书记系列重要讲话中大量关于人民群众的论述,诠释了当代中国马克思主义群众观的精髓要义,是马克思主义人民群众观和党的群众路线的最新发展成果。学界也认同:习近平总书记坚持和奉行的人民群众观是马克思主义群众观,是正确的、科学的群众观,其内涵丰富、思想深刻,其科学性、指导性和可操作性都很强,是马克思主义中国化的最新发展成果,这极大地丰富了马克思主义人民群众观的理论内涵和实践内涵。

(二)关于新时代人民群众观的理论贡献及历史定位的研究

从理论和实践的结合上搞清楚马克思主义人民群众观在当代中国的科学继承和与时俱进问题,在马克思主义群众观的中国化创新历程明确其历史定位和理论贡献也是当前学界的学术聚焦点,代表性的观点主要有:

梅荣政认为习近平同志在2012年11月15日与中外记者见面会上发表的讲话紧密结合新的实际,重申了历史唯物主义的三个基本观点:人民是历史的创造者、发展的真正动力,人民群众是共产党人力量的源泉,进一步阐明了人民群众在社会历史发展中的决定作用,从而以社会实践为前提,从历史的创造者、历史发展的动力、人民力量的有限与无限的辩证统一三重意义上深刻地论证了“人民主体地位”。① 韩振峰认为“以习近平为总书记的党中央,都为推进马克思主义群众观的中国化、为确立和发展中国共产党的群众路线和群众观点作出了重要贡献”②。何虎生认为“坚持以人民为中心是马克思主义群众观和中国共产党根本宗旨的统一,是贯彻党的群众路线和发挥人民主体作用的统一”③。陶德麟认为习近平总书记始终把人民群众放在最高位置,党的十八大报告把“必须坚持人

---

① 梅荣政:《试论习近平新时代中国特色社会主义思想体系》,《思想理论教育导刊》2018年第4期。

② 韩振峰:《马克思主义群众观的中国化创新历程》,《北大马克思主义研究》(辑刊)2013年刊,第210页。

③ 何虎生:《人民是改革开放进行到底的最大推动力》,《人民论坛》2018年第36期。

民主体地位”作为在新的历史条件下夺取中国特色社会主义新胜利必须牢牢把握的“八项基本要求”之首来阐释，凸显了人民群众在中国特色社会主义事业中的重要地位和作用。[①] 杨春贵认为习近平总书记的有关重要论述为我们研究和解决现实问题提供了重要的哲学方法论原则，深化了对党的群众路线理论和实践的规律性认识。[②] 杜鸿林认为习近平总书记“不断创新党的群众路线的实践形式、拓展党的群众路线的实践场域”[③]。罗平汉认为习近平总书记就新的历史条件下如何进一步坚持党的群众路线，保持党同人民群众的血肉联系发表了一系列重要论述，赋予了为民务实清廉的时代内容，进一步丰富了马克思主义群众观，为实现中国梦提供有力的理论支撑和政策基础。郭广银认为“习近平关于坚持人民主体地位的重要论述对于开辟马克思主义中国化新境界、开创中国现代政治生活新气象、书写中国特色社会主义新篇章具有重要意义”[④]，“反映出中国共产党从主体、客体、工具角度回应实践需要的自觉性”[⑤]。

从上述代表性观点可以看出，多数研究者都认同，在世情、国情、党情、民情发生深刻复杂变化，经济成分、就业方式、利益关系和分配方式日益多样化的条件下，新时代人民群众观具有非常突出的时代价值，实现了人民群众观的正本清源和与时俱进，是适合中国国情、顺应时代要求的人民群众观，为马克思主义政党建设的思想理论宝库增添了新内容。多数研究者都认为习近平总书记更加鲜明地强调群众路线是党的“生命线”，以强烈的忧患意识深刻论述了群众路线对党的生命和执政地位的决定性作用，是习近平党建理论中极端重要的组成部分，也是治国理政的重要理论基础和逻辑支撑点，在我们党的历史及党的建设史上具有重要地位，具有重大的政治意义、理论意义、实践意义和世界意义。

（三）关于新时代人民群众观的现实指导意义的研究

关于新时代人民群众观的现实指导意义，学界也有大量论述，代表性观

---

① 参见陶德麟：《践行马克思主义的实践观为实现中国梦而奋斗》，《光明日报》2013 年 4 月 16 日；《对中国实践与中国话语的几点理解》，《湖北日报》2014 年 6 月 10 日。

② 参见杨春贵：《全面深化改变必须坚持正确的方法论》，《人民日报》2014 年 3 月 25 日。

③ 杜鸿林：《习近平对中国特色社会主义人民群众观的丰富发展》，《中共天津市委党校学报》2014 年第 5 期。

④ 郭广银：《习近平关于人民主体地位的思想》，《中共中央党校学报》2014 年第 5 期。

⑤ 杨彬彬：《人民性思想表达的话语演进与现实意义》，《思想教育研究》2019 年第 4 期。

点有:

姜迎春认为习近平总书记的人民群众观深刻阐明了当前及今后相当长的历史时期党的奋斗目标和光荣使命,继承和发展丰富马克思主义人民群众观,强调把群众路线作为党永葆青春活力和战斗力的传家宝,让党的群众路线深深扎根于全体党员、干部中,使践行党的根本宗旨成为党员、干部的思想和行动自觉。① 郭良婧、郭广银认为习近平总书记对人民主体思想进行了精彩论述,具有很强的政治性、指导性、针对性,对于深入开展教育实践活动,有力促进党的作风建设,增强党的创造力、凝聚力、战斗力,更好地带领人民全面建成小康社会、推进社会主义现代化,具有重大而深远的意义。② 王伟光认为习近平总书记大力倡导转变作风、密切联系群众,推动在全党深入开展群众路线教育实践活动,必将在全面转变作风方面取得良好效果。③

从代表性观点看,对于新时代人民群众观的理论价值和现实意义都是高度肯定的,没有异议,基本认同这种新的群众观深刻阐明了当前及今后相当长的历史时期党的奋斗目标和光荣使命,切实为解决好"为了谁、依靠谁、我是谁"的根本问题指明了方向,提出了要求,为我们坚持党的群众路线,保持党同人民的血肉联系,坚持人民利益至上,实现好维护好发展好人民群众的根本利益,坚持党性和人民性相统一,为我们当前贯彻党的群众路线实践,提供了理论指南和基本遵循。

(四)关于新时代人民群众观形成、确立问题的研究

关于新时代人民群众观的形成问题,代表性观点有:

赵汇、毕研永认为,"新时代党建新要求的人民性思想,发端于马克思主义的人民性话语,着眼于世情国情党情的深刻变化,根植于中国共产党党建思想的发展脉络,具有鲜明的理论风格、时代特征和实践底蕴"④。刘秋良认为,习近平总

① 参见姜迎春:《准确把握和切实践行马克思主义群众观》,《红旗文稿》2013 年第 21 期。

② 郭良婧、郭广银:《认真学习习近平重要讲话精神 深入把握努力实践人民主体思想》,《探索》2014 年第 1 期。

③ 参考王伟光:《辩论唯物主义世界观是中国共产党全部理论与实践的思想基础》,《哲学研究》2019 年第 3 期。

④ 赵汇、毕研永:《新时代党建新要求的人民性意蕴》,《中国特色社会主义研究》2018 年第 1 期。

书记的人民群众观和马克思主义群众观是一脉相承的，是马克思主义群众观与中国特色社会主义当代实践的结合和发展，也是对中国共产党为人民服务根本宗旨的时代诠释。《求是》杂志评论员认为，习近平总书记的人民群众观来源于丰富的实践，具有坚实的群众基础，必须从物质生产条件来理解社会存在，习近平总书记朴素的群众观不是从天而降，也不是与生俱来的，相反，它是源于实践，源于实际工作，它与中国梦思想共同统一于建设中国特色社会主义伟大事业的历史实践中。谭扬芳认为，习近平的群众观源于他对马克思主义经典著作的熟悉，源于他丰富的人生经历和施政实践，源于他对党的群众路线的忠实继承，习近平的群众观是在实践中形成并经过实践的不断检验而成熟发展起来的，习近平群众观的形成发展和他与基层群众的交往实践及其产生的深情厚谊有很大的关系，习近平群众观源于他对人民群众的情感及与人民群众的密切接触，丰富的工作实践促成其群众观的成熟，其所积累的施政经验促进了其群众观的升华。① 习近平总书记的人民群众观，从国家、民族和人民的现实需求出发，彰显了以人为本、执政为民的执政理念，充分发挥了人民群众的主观能动性和伟大创造精神，使其成为托举中华民族伟大复兴梦想的中国力量，让一切劳动、知识、技术、管理、资本的活力竞相迸发，让一切创造社会财富的源泉充分涌流。

由上述内容可见，新时代人民群众观的形成与确立，符合认识论的原理，体现了实践论与认识论的统一。

（五）关于新时代人民群众观的特征、特色研究

多数研究者认为，习近平总书记的人民群众观饱含强烈的问题意识与实践导向，具有鲜明的时代特色、实践特色。代表性观点有：

赵淑梅认为，“实践特色是中国特色社会主义的首要特色，是中国共产党在领导中国人民建设中国特色社会主义这一伟大实践进程中所展现出来的鲜明特征。这些特征至少包括四个方面：一是将实践作为推进社会主义的根本途径；二是坚持和加强中国共产党的领导；三是尊重和发挥人民群众的首创精神；四是将

① 谭扬芳：《论习近平群众观的三大来源》，《党建》2014 年第 10 期。

发展作为解决一切问题的基础和关键”①。把尊重和发挥人民群众的首创精神作为坚持和发展中国特色社会主义伟大实践的鲜明特征。梅荣政认为,“历史唯物主义一贯尊重人民群众,热爱人民群众,注重向人民群众学习,服务于人民群众。历史唯心主义则相反,蔑视人民群众、视人民群众为群氓,且往往与反动势力结合,压迫奴役人民群众”②。郭建宁认为,习近平总书记系列重要讲话的一个显著特点,就是充满着对马克思主义、共产主义的坚定信仰,对中国特色社会主义的坚定信念,对党和人民事业必定胜利的坚定信心。③ 中国社会科学院中国特色社会主义理论体系研究中心撰文认为“习近平同志的系列讲话和实践活动昭示了鲜明的执政宗旨、执政目标、执政重心、执政抓手、执政风格、执政艺术,展现出标准高、要求严、进展快、力度大、见效速等特点,引起了党内外、国内外的关注和赞誉”④。钟君认为,习近平总书记的人民群众观以历史和逻辑的统一为哲学依据,以党性和人民性的统一为政治特征,以全面建成小康社会和富强民主文明和谐的社会主义现代化国家为宏伟目标,蕴涵着丰富的唯物史观原理,体现了社会存在和社会意识、人民主体的创造者和享有者、生产力和生产关系、理论体系和实践道路、民族性和世界性等方面的辩证统一。⑤ 胡雨晗认为,“以人民为中心的发展思想是推进中国社会主义市场经济发展的指导思想。从马克思主义人学角度来看,以人民为中心的发展思想实质上就是以人的本质为中心的思想,而人的本质中包含了劳动、社会关系总和、需要三个层次系统,正是人的本质的这三个层次系统的相互作用为人类及社会的发展创造了丰富的物质财富和精神财富”⑥。

二、新时代人民群众观研究拓展的主要趋势和创新着力点

从已有成果的研究侧重点看,各级领导干部撰写的学习体会文章和各省区市中国特色社会主义理论体系研究基地发表的理论文章占多数,由专家学者撰

---

① 赵淑梅:《中国特色社会主义的实践特色》,《思想教育研究》2019 年第 4 期。

② 梅荣政:《新时代党的政治建设的根本出发点和落脚点》,《红旗文稿》2018 年第 19 期。

③ 参见郭建宁:《发展当代中国马克思主义》,《北京大学学报》(哲学社会科学版)2017 年第 2 期。

④ 中国社会科学院中国特色社会主义理论体系研究中心:《习近平同志的执政思想初探》,《湖南社会科学》2014 年第 4 期。

⑤ 钟君:《创新马克思主义大众化宣传》,《红旗文稿》2018 年第 23 期;《用中国理论解决中国问题》,《学习月刊》2016 年第 13 期。

⑥ 胡雨晗:《以人民为中心经济发展方略的理论解析》,《改革与战略》2018 年第 10 期。

写的理论文章还相对少一些，从学习宣传的角度进行研读解析或结合部门工作实际理解阐释的成果居多，从学理的角度，特别是从马克思主义发展史、科学社会主义发展史和中国特色社会主义理论体系发展史的角度，从总书记对于中国特色社会主义总态度的角度，进行阐释研究的成果相对较少。目前已有的研究成果对于习近平总书记系列讲话文本所包含思想的理论发掘还不够，从马克思主义的思想长河中，去探寻思想理论上的源头活水方面的研究也显得薄弱，泛泛而谈习近平总书记对党的群众路线和群众观点做出新贡献的成果较多，但对于习近平总书记究竟如何根据发展不同阶段的情势，具体丰富发展了哪些观点，逻辑起点在哪里、突破点在何处的问题（必要的修正与创新）还研究得不够深入彻底，对于该成果的理论发展逻辑和实践基础的揭示，还显得不够深刻完整，对新时代人民群众观形成的主客观条件和基础的解释揭示也比较浅显、薄弱，对于这一创新成果产生的内在理论机制，对于这一成果的集成性、综合性理论品质，还缺乏具体的量化研究。这些方面都需要从学理上进一步加强研究。

从研究的深度和争论点来看，目前该研究领域对于学习贯彻习近平新时代中国特色社会主义思想，牢固树立马克思主义群众观的必要性、重要性问题基本能达成共识，主流学界都认为牢固树立习近平总书记所发展的马克思主义群众观是党执政兴国的根本要求，都认同坚持马克思主义实践观和群众观，是要贯彻到坚持和发展中国特色社会主义的全部理论和实践活动中，但对于如何将崇高理想转化为现实物质力量，如何运用和落实习近平总书记所发展的马克思主义人民群众观，指导新实践的方法路径等问题上存在争议，见仁见智，尚未达成共识，争论的焦点主要是：究竟需要采取或能够采取何种措施和办法才能让广大党员干部坚守人民立场，如何才能让干部增强遵从历史规律、顺应时代潮流的思想自觉和行动自觉，如何才能把群众观点、群众路线深深植根于干部的思想中、具体落实到干部的行动上，如何深入挖掘人民群众路线所蕴含的民意与民主等合法性资源，如何有效地制约执政权力，正确地行使执政权力，如何有效地实现人民当家作主，如何才能让广大党员干部自觉主动地将人民幸福作为一切工作的出发点和归宿，顺利实施全面依法治国的基本方略，将实现人民幸福视为自己义不容辞的责任和使命，究竟如何才能找到一种切实可行的长效机制，把为民、务实、清廉这一崇高价值追求深深植根于全党同志的思想中和行动中,让党员干部把马克思主义群众观内化于心、外化于行,尊重人民主体地位,真正做到情为民所系、权为民所用、利为民所谋,想人民所想,急人民所急,帮人民所需,这个问题还远远没有解决,尚需要不断探索解决具体的方法路径问题。总之,对于如何才能把理论上的群众观点贯穿到实践中,特别是体现在改革开放的实践中,落实到广大党员干部的实际行动中,仍是一个有待研究和解决的现实问题。

此外,马克思主义群众观本身在回答和解决时代和实践提出的重大课题中不断发展,是开放的理论体系,其科学性问题还有继续探索的空间,需要深入回答马克思主义群众观为什么比其他群众观更科学、更合理,习近平总书记的人民群众观"一脉相承",究竟"承"在哪里?"与时俱进",究竟"进"在何处?这些都需要进一步分析阐释它的理论渊源、哲学基础、理论品格和实践特色,这些都需要用广阔的历史眼光来审视,需要放在改革开放的总进程中去观照、去衡量,这样我们才能洞悉把握其重要意义和深刻内涵,进而深刻揭示党的群众路线理论之树常新、长青的内在根源和现实启示。

本课题认为,从马克思列宁主义、毛泽东思想到中国特色社会主义理论体系,再到习近平新时代中国特色社会主义思想,构成一个开放发展的马克思主义理论体系。习近平新时代中国特色社会主义思想同马克思列宁主义、毛泽东思想既一脉相承又与时俱进,必须作为一个有机整体来学习把握。新时代人民群众观必须放在马克思主义理论体系发展历史长河中审视,才能真实看清其特点和贡献。只有"实现了从先验思维方式向实践思维方式的转换"①,在充分了解、熟悉马克思主义基本理论的基础上,才能全面、准确、深入地把握新时代人民群众观的理论基础和思想渊源,才能深刻把握其所具有的时代性、人民性和创新性等特征。本课题拟对新时代人民群众观进行多学科综合性、融合性研究,以加大理论研究和阐释力度,在尽可能占有丰富资料的前提下,客观公正地呈现历史事实,进一步挖掘习近平新时代中国特色社会主义思想中关于人民群众的具有创

---

①　季正矩:《用实践的观点研究社会主义——科学实践观与科学社会主义评介》,《当代世界与社会主义》2015 年第 6 期。

新意义的重大思想，分析这一思想的哲学基础、理论范式、时代背景、思想内涵、价值意义等。深刻揭示这些重大思想产生的经济、政治、文化前提，揭示它是如何为中国特色社会主义理论体系注入新的内涵和时代精神，进一步探索回答新时代马克思主义人民群众观为什么比其他非马克思主义人民群众观更科学、更合理，进一步回答新时代人民群众观的来龙去脉，进一步揭示“一脉相承”究竟“承”在哪里？“与时俱进”究竟“进”在何处？通过进一步分析阐释它的理论渊源、哲学基础、理论品格和实践特色，厘清关于人民群众的理论成果与其他一系列重大思想之间的内在逻辑关系，进而深刻揭示党的群众路线理论之树常新、长青的内在理据和现实启示，为学习贯彻习近平新时代中国特色社会主义思想提供学理支撑。

第二章　新时代人民群众观的新发展

一、人民群众观诸命题的新发展

新时代人民群众观对人民群众在中国特色社会主义建设中的历史地位和作用有了新的科学认识和定位，对党的群众路线实践的最新目标任务和条件途径做了新的理论概括，在一系列践行问题上做了高瞻远瞩的战略谋划和运筹。习近平新时代中国特色社会主义思想对马克思主义人民群众观的坚持和发展突出表现在它进一步坚持了解放思想、实事求是、与时俱进这一马克思主义的精髓，进一步捍卫和发展了马克思主义唯物史观的基本立场，由此将新时代人民群众观进一步建立在更加坚实的科学基础之上。新时代人民群众观命题是由一系列重要思想理论观点构成的。为了便于深入地正式地讨论，首先应对新时代人民群众观所涉及的系列核心命题有所澄清，力争用融通中外的新概念新范畴新表述予以阐释。

（一）人民群众观的理论新内涵

人民群众观，顾名思义是指人们对于人民群众总的看法和基本观点，主要是指理论化、系统化的看法与观点，即系列理论观点。历史上出现过的人民群众观归根到底是两种，一种是马克思主义群众观，一种是非马克思主义群众观。非马克思主义群众观即在马克思主义人民群众观产生之前的人民群众观，这种群众观曾经长期在人们头脑中占据主导地位。只有马克思主义人民群众观，才真正解决了对人民群众地位作用的科学认识问题，马克思主义人民群众观成为指导党的群众路线实践的重要理论武器。马克思主义人民群众观包括对人民、对群众、对人民群众、对群众路线、对群众路线实践等的系列观点和理论。要准确理解其科学内涵,首先应对组成人民群众观的一些核心概念,比如人民和群众这两个核心概念进行辨析,以便于我们深刻准确地把握其科学内涵,避免混淆一些问题。

1. 人民。人民的概念不是固化和静止的,其具体内涵与外延是随时代和实践的发展进步而不断丰富发展的,所以人民的概念也必然打上时代的印记。

(1)中国古代的人民的概念。人民一词在中国古代文献中接近传统的"民"或"臣民"概念,多数语境中的"民"专指与统治阶级或精英人物相对应的群体,即除了统治阶级里的大人、君子、王侯将相、君、臣之外的群体,有时也笼统地指那些处于社会最底层、占人口绝大多数、从事具体生产经营性活动的体力劳动者阶层。在中国古代一些进步思想家那里,"民"并非无足轻重,相反,"民"被放在相当重要的位置,西周时期有了敬德保民的民本意识。《孝经·圣治章》有"天地之性人为贵"的提法,《尚书》有"民可近不可下,民为邦本,本固邦宁"的说法,《论语·学而》有"慎终追远,民德归厚"的说法,《孟子·尽心上》有"民为贵,社稷次之,君为轻"的说法,在这些进步思想家的视野里,"民"处于国家之"本"的地位。孟子所理解的"人民"(众庶)已经被赋予一定的政治主体内涵,"人民"与"土地""政事"同属"诸侯之宝","民"已成为国家的重要构成要素。但在另外一些思想家笔下,"民"如同草芥,"草民"的说法见之于众多典籍,如《管子·七法》有"人民鸟兽草木之生物"的说法,《周礼·地官》有"质人掌成市之货贿,人民、牛马、兵器、珍异,凡卖者,质剂焉"的提法,这种语境里的"人民"地位与牛马无异,是可以买卖的奴隶。总体而言,在中国古代社会,人民被视为社会底层的弱势群体,无足轻重,对人民群众历史地位作用的认识理解有一定的合理因素,但总体上是不科学的。

(2)西方典籍中人民的概念。在西方,人民的概念有时是在人类、百姓意义上使用,有时是在个人、公民、国民意义上使用。"人民"一词的古希腊文为demos,古希腊思想家色诺芬尼最早使用了"人民"(people)的概念,柏拉图和亚里士多德也使用过这个概念,他们笔下的"人民"是指自由民,主要是指平民,即自食其力、没有多少财产、不参加政治活动的居民,不包括贵族奴隶主和奴隶,他们对人民利益及如何实现人民利益的理解认识达到了古典时代的最高水平，他们认识到人民是有权要求自己福利、幸福生活的权利主体。古罗马共和国时期，思想家所理解的平民是指相对于贵族而言的那部分群体，罗马人民是指本土居民。如古罗马的法学家西塞罗认识到法律与人民根本利益实现的正关联性，曾有名言："人民的福祉是最高的法律。"这一思想后来被西方功利主义学派承继，提出立法的根本目的是实现最大多数人的最大幸福。另外一些思想家对人民的认识基本是负面的，如马基雅维利把人民看成一种被动、愚昧、落后和自私自利的政治存在。总之，"人民"曾长期被看作是被神和权势疏远、怜悯、驾驭的微不足道的芸芸众生。

到了近代，人民的概念已在相当广的范围和场合使用，人的价值和尊严等人文主义价值理念受到肯定，人民的内涵有了新的发展。启蒙思想家基于对人生意义、价值的认知和关怀，倡导人的自我解放，强调个体价值，使"人民"逐渐成为一个神圣的字眼，甚至取代神而成为信仰和尊崇的对象，把人民作为一个抽象的整体，赋予其最高的合法性和正当性。西方近代思想家所理解的人民已经有了新内涵，比如 1787 年美利坚合众国宪法中的"人民"，法国大革命时马拉办的报刊《人民之友》所理解的"人民"，德国拉萨尔"自由的人民国家"概念里的"人民"。在这里，人民一般有三种含义：第一种含义是公民，按照现代政治学的一般解释，民主之"民"不是同质性的公民共同体，而是指一国之内根据宪法和法律规定享有权利和承担义务的所有人，即不管宗教信仰，不管民族归属，都同样享有民主权利的公民；第二种含义接近我们所讲的人民，即指排除敌对阶级和敌对分子，以劳动者为主体的社会基本成员，如伏尔泰把除暴君之外的人都定义为人民；第三种含义是指与"官"相对的一般群众。再者，美国学者乔万尼·萨托利曾经从词源学和政治学的角度总结了"人民"的六种含义：一是人民字面上的含义是指每一个人；二是指一个不确定的大部分人，一个庞大的许多人；三是指较低的阶层；四是指一个不可分割的整体，一个有机整体；五是指绝对多数原则所指的大多数人；六是指有限多数原则所指的大多数人。在当时，在相当多人的心目中历史是由少数英雄人物主宰的，"人民"是具体的芸芸众生，是愚昧而轻率的大众，是无知的"群氓"，"人民"可以落实到每个人头上。

(3)马克思主义经典作家的人民的概念。马克思主义者基于对人类命运的整体性关注,肯定了人的力量、人的主体地位和作用。他们笔下的“人民”不同于“臣民”与“公民”,“人民”被赋予新含义。马克思、恩格斯的著作中多次出现“人”“人民”“人类”和“人类解放”等概念。在《关于费尔巴哈的提纲》一文中,马克思立足于现实的个人及其社会实践,将“人”的本质表述为“一切社会关系的总和”,他认为“真正的人民即无产者、小农和城市贫民”,人民大多以无产阶级的形式出现,人民与阶级联系起来,具有追求积极自由、实现真正权利和社会民主的阶级内容和历史内容,这样,“通过根本变革‘群众的世界’来实现人的解放,必然成为马克思的群众观的基本诉求”①。毛泽东思想里的人民群众观进一步增强了服务性与实践性内容,“人民”是一个政治概念,包括工人阶级、农民阶级、城市小资产阶级、民族资产阶级和从地主阶级中分裂出来的一部分开明绅士,人民成为区别于敌人的政治概念,与人民群众相对立的是敌人。中华人民共和国成立后的建设社会主义时期,人民的范围有所扩大,一切赞成、拥护和参加社会主义建设事业的阶级、阶层和社会集团都属于人民的范畴。

(4)现实政治世界中的人民的概念。在中国,人民是出现频率极高的反映一定社会政治关系的集体名词,当人民在政治、思想、文化、生活等领域被作为一个集体的、政治的和历史的概念理解的时候,人民形象被放大、抽象。现实政治世界中的人民是作为主权者、社会先进力量和一个道德整体的人民,既不是封建统治者治下之民,也不是领导者恩赐的对象。

总之,虽然人民的概念在不断刷新,在一定时代背景下人民所指代的具体对象也有所不同,但人民的主体仍然是指经济生产和社会生活的主体,包括工人、农民,也包括专业技术人员——知识分子。在社会主义现代化建设的新时期,人民群众既包括中国特色社会主义事业的劳动者,也包括中国特色社会主义制度的建设者,还包括一切赞成、拥护和参加中国特色社会主义建设事业的阶级、基层、社会集团成员和爱国者。

2. 群众。群众包含于人民之中,群众在中国古语中也不是一个固化的概念。

---

① 牟成文:《马克思的群众观及其哲学变革》,《中国社会科学》2012 年第 2 期。

"兽三为群,人三为众""宰制万物,役使群众",古籍中的群众通常被理解为无序地聚合起来的众多的人。现代的群众有时还指未加入某一党团的普通老百姓,群众的概念在当代中国政治语境中具有独特的内涵与特征。

在西方语境里,群众(crowd)一般被理解为"个人的集合",群众是抽象的人的集合体,是具有非理性倾向的大众,其基础是个人。诺贝尔文学奖得主埃利亚斯·卡内提(又译卡内蒂)在《群众与权力》一书中,分析了各式各样的群众类型,研究了群众行为和群众心理,并注意到群众的强大威力,他认为,群众有四大特性:一是群众要永远增长;二是在群众内部,平等占统治地位,为了一个伟大的目的或是一个共同的利益,其他的差别都被漠视。三是群众喜欢密集地聚在一起,"孤独的人是可耻的"。四是群众需要导向,"羊群走路靠头羊"①。在18世纪法国资产阶级革命时期,由资产阶级、城市平民、农民和无产阶级组成的第三等级,都属于人民群众的范畴。

革命导师马克思、恩格斯赋予"群众"新的内涵。如"历史活动是群众的事业",这里的群众更多的是指工人群众,也就是指对社会历史起推动作用的人们。列宁的"为群众服务"里所指的"群众"是有量的规定性的,群众的主体部分是"全体被剥削者",也就是广大劳动者。列宁认为"群众是划分为阶级的",可见群众可以来自不同的阶级、阶层、社会集团,主要来自工人阶级、农民阶级和小资产阶级。群众中最稳定的部分是劳动群众。无产阶级有自己的群众,要教育群众、引导群众。毛泽东思想里的群众,是指以工农兵为主体,其主体是普通的工人、农民。

3. 人民群众。人民群众是一个具有独特政治属性、涵盖范围极广的词汇,人民群众是一个整体概念。直到马克思主义问世,人民群众才获得科学的内涵。人民群众在马克思主义语境中成为具有抽象政治性的概念。马克思主义者站在无产阶级和绝大多数人民群众立场上理解人民群众,运用唯物主义的世界观和方法论解读人民群众,人民群众是从事物质资料生产的劳动群众和从事精神生产的知识分子,是社会的主体部分,是历史的真正创造者,是推动社会进步的决

① [德]埃利亚斯·卡内提:《群众与权力》,冯文光、刘敏、张毅译,中央编译出版社2003年版,第7页。

定性力量。人民群众这一概念在观念多元、利益多样的今天,其内涵和外延也在不断丰富之中,人民群众的构成发生了新的变化,群众队伍空前扩大了。正如列宁所说:“随着人们历史创造活动的扩大和深入,作为自觉的历史活动家的人民群众在数量上也必定增多起来。”①

马克思主义人民群众观奉行人民群众至上的观念,尊重人民群众主体地位,承认广大人民群众具有当家作主的社会政治地位,致力于保障群众行使各项正当权益,让人民群众的价值包括人的尊严、权利、义务、平等、自由、才智等得到完美的发展和实现,让其成为推动历史前进的决定性力量。换句话说,马克思主义人民群众观里,人民群众是执政党最尊重、信任和依靠的对象,是执政党的主要服务对象。为“绝大多数人”服务,而不是“为少数人”服务,是马克思、恩格斯、列宁共同奉行的核心理念,也是我们今天“为人民服务”思想的直接思想来源。我们今天的“为人民服务”思想直接继承自马克思主义的这一核心思想。

4. 人民群众观的新科学内涵。新时代人民群众观直接承继马克思主义经典作家的人民群众观,并以更大的政治勇气和智慧赋予人民群众新的内涵,使人民群众观的内容不断丰富、形式不断创新、群众路线实践不断深化。根据新时代人民群众观,人民群众是指中国社会的主体,包括全体社会主义劳动者、社会主义事业的建设者、拥护社会主义和祖国统一的爱国者,是当前活生生地存在着的、创造着历史的、从事着人类和平与发展崇高事业的广大人民群众。新时代人民群众观对人民群众的地位、作用有了更具时代性的准确定位和更深刻科学的认识,具体有如下体现:

(1)人民群众是创造历史的主体。“人民既是历史的创造者、也是历史的见证者,既是历史的‘剧中人’、也是历史的‘剧作者’。”②习近平总书记继续坚持认为创造历史是人民群众自己的事业,人民群众是历史的创造者,是推动社会发展和变革的决定性力量,是生产力中最活跃、最革命的因素,继续承认真正的英雄是人民群众,是社会物质财富和社会精神财富的创造者。《中共中央关于深化文

① 《列宁全集》(第二卷),人民出版社 2013 年版,第 416 页。
② 《习近平谈治国理政》(第二卷),外文出版社 2017 年版,第 314 页。

化体制改革　推动社会主义文化大发展大繁荣若干重大问题的决定》指出:“人民是推动社会主义文化大发展大繁荣最深厚的力量源泉。”①党的十八届五中全会提出,如期实现全面建成小康社会的奋斗目标必须遵循六个原则,即“六个坚持”。其中第一位的,是“坚持人民主体地位”。党的十八大报告中“夺取中国特色社会主义新胜利的基本要求”中,第一条就强调“坚持以人民为主体”。党的十九大报告“八个明确”“十四个坚持”有“必须坚持以人民为中心的发展思想,不断促进人的全面发展、全体人民共同富裕”,“人民是历史的创造者,是决定党和国家前途命运的根本力量”的提法。习近平总书记在庆祝中国共产党成立95周年大会上的讲话说,坚持不忘初心,初心是什么,其实就是“民心”,即为民之心,为人民服务的心,对人民的赤子之心。习近平总书记强调:“坚持不忘初心、继续前进,就要坚信党的根基在人民、党的力量在人民,坚持一切为了人民、一切依靠人民,充分发挥广大人民群众积极性、主动性、创造性,不断把为人民造福事业推向前进。”②习近平同志再次强调,人民是历史的创造者,是决定党和国家前途命运的根本力量,要依靠人民创造历史伟业。习近平对于人民群众是历史创造者的基本观点做了进一步的强调和发挥,他指出:一个政党,一个政权,其前途命运最终取决于人心向背。③ “民心是最大的政治”④,要更加重视坚持以人为本,尊重人民主体地位,发挥群众首创精神,更加相信和依靠人民群众。大量事实证明,习近平对于人民群众是真正的英雄,人民群众作为历史发展和社会进步的主体力量是深信不疑的,在重视群众、相信群众、依靠群众、服务群众方面达到了历史新高度、新境界。

(2)人民群众是权力主体。“中华人民共和国的一切权力属于人民。”“国家之权乃是‘神器’,是个神圣的东西。公权力姓公,也必须为公。”⑤新时代人民群

① 《中共中央关于深化文化体制改革　推动社会主义文化大发展大繁荣若干重大问题的决定》,人民出版社2011年版,第43页。

② 《习近平谈治国理政》(第二卷),外文出版社2017年版,第40页。

③ 习近平:《在庆祝中国人民政治协商会议成立65周年大会上的讲话》,人民出版社2014年版,第16页。

④ 习近平:《在第十八届中央纪律检查委员会第六次全体会议上的讲话》(2016年1月12日),人民出版社2016年版,第6页。

⑤ 习近平:《在新的起点上深化国家监察体制改革》,《求是》2019第5期。

众观更加坚信权为民所有、权为民所赋,一切权力都属于人民、来自人民,人民是公共权力的委托者,人民是国家的主人,人民可以依法选举和罢免国家公务员,人民有权选择能够代表人民利益的政府,人民对国家和民族的发展方向和路径最有发言权和最有决定权,也更加坚信社会主义国家的一切权力属于人民,一切公职人员必须"在公众监督之下进行工作"①,要坚决有效防止公职人员成为"脱离群众、站在群众之上、享有特权的人物"②。"我们的许多权力机关甚至服务行业,前面都有'人民'二字。这在世界上是少有的。"③"发展的人民性决定了广大人民是检验发展实践特别是发展效果的主体。"④新时代人民群众观坚持必须由人民掌握国家的权力,人民必须成为国家和社会的主人,人民要通过人民民主专政国体、人民代表大会基本政治制度、基层民主制度来实现当家作主,人民依据宪法和法律规定所享有的社会主义的民主权利神圣不可剥夺。新时代人民群众观进一步确认中国共产党的执政地位是人民赋予的,执政党的权力只能用于为人民群众谋利益,党的一切执政活动,国家的一切治理活动必须确保权为民所谋和权为民所用,执政党的根基在人民,血脉在人民,力量在人民。一个政党,一个政权,其前途和命运最终取决于人心向背,如果我们脱离群众、失去人民的拥护和支持,最终也会走向失败。

(3)人民群众是利益主体,是社会历史发展最终成果的享有者。新时代人民群众观更加坚信追求和实现幸福是人类社会历史发展的永恒主题,人民群众不仅是社会财富的创造者,也是社会财富的享有者。"人民不是抽象的符号,而是一个一个具体的人,有血有肉,有情感,有爱恨,有梦想,也有内心的冲突和挣扎。"⑤人民对美好生活的向往没有止境,执政党的责任是让人民过上好日子,"把人民的期待变成我们的行动,把人民的希望变成生活的现实,让人民群众有幸福感、获得感"⑥。利益关系是政治关系中首要的关系,人民群众作为价值创

① 《马克思恩格斯选集》(第三卷),人民出版社 2012 年版,第 141 页。
② 《列宁全集》(第三十一卷),人民出版社 1985 年版,第 111 页。
③ 陈晋:《为什么说群众路线是个"法宝"》,《党建》2013 年第 7 期。
④ 王丹、邱耕田:《人民检验论》,《浙江社会科学》2018 年第 10 期。
⑤ 《习近平谈治国理政》(第二卷),外文出版社 2017 年版,第 317 页。
⑥ 韩庆祥:《习近平以人民为中心的政治经济学说》,《人民论坛》2016 年第 1 期。

造、价值评价及其价值消费的主体，享有实实在在的生存权和发展权，必须共享改革发展成果。新时代人民群众观更加坚信人民群众的需要、意志和行动同人类社会发展规律具有高度的一致性，新时代人民群众观对人民群众的利益有着更系统深入全面的认识，认为人民群众的利益是一个系统结构，主要表现为：直接利益和间接利益，特殊利益和一般利益，局部利益和全局利益，当前利益和长远利益等，充分认识到人民群众的利益已经从物质领域拓展到政治、文化、社会、生态等多方面，必须从整体上把握人民群众利益的方方面面，正确把握各种利益之间的相互关系。新时代人民群众观还坚信人民群众的利益是能够被中国共产党代表的，中国共产党不断地通过自我革新、自我净化、自我提高实现先进性，能够最充分地最真实地代表人民群众的利益，代表社会的整体利益。

新时代人民群众观认为，执政主体的正确价值取向和合理行为选择是必须以改革的理念和创新的思维，通过道路、理论、制度、文化的不断发展完善，推动党和人民各项事业不断开创新局面，而要扛起的时代责任，即满足人民群众日益增长的美好生活的需要，就要深知中国的具体实际和人民的真实需要。执政主体要真正实现好、维护好、发展好最广大人民的根本利益。除了执政主体必须把人民群众的冷暖时刻放在心上，还意味着执政主体准确了解人民群众的根本利益所在、利益诉求所在，对人民群众的所思、所盼、所忧、所急了然于心，也意味着执政主体明白“人民热爱生活，期盼有更好的教育、更稳定的工作、更可靠的社会保障、更高水平的医疗卫生服务、更舒适的居住条件、更优美的环境，期盼孩子们能成长得更好、工作得更好、生活得更好”①，执政党知道新形势下人民群众最直接、最现实的利益：一是要有足够丰富的物质生活资料，解决老百姓的吃穿住行；二是要有平等和谐的社会关系，建立起没有剥削和压迫的社会，比如“努力让人民群众在每一个司法案件中都感到公平正义”；三是要有精神的愉悦和舒畅，摆脱精神的奴役和压迫。

(4)人民群众利益的实现需要科学保障，需要一条真实可靠的现实之路。

---

① 中共中央宣传部编：《习近平总书记系列重要讲话读本(2016 年版)》，学习出版社、人民出版社 2016 年版，第 212 页。

习近平总书记说:“人世间的一切幸福都需要靠辛勤的劳动来创造。”①为人民谋幸福仅有为人民服务的立场或充分了解群众的想法是远远不够的,更重要的是要有为人民服务的本领和科学方法,即实现人民利益的有效“工具”“手段”,也就是执政主体知道如何正确追求和实现人民的幸福生活,知道如何把尊重社会发展规律与尊重人民主体地位有机统一起来。执政主体之所以能做到这一点,是因为它的先进性,是因为它掌握着普通人民群众认识不到的发展规律,掌握着真理,能够站在科学和正义的制高点上因势而谋、应势而动、顺势而为,能够根据人类社会发展的基本规律和时代特点确定具体任务,能够制定出正确的纲领、路线、方针、政策和策略,具有高强的依法履职能力和协调组织能力,能有效地组织带领群众去实施自己制定的策略方针,能够正确认识和处理复杂的社会阶级阶层关系。

科学保障人民的利益当然要与建设学习型政党和学习型组织,提高党的领导水平和执政水平,克服本领恐慌结合起来。群众利益实现的真实之路是党在准确把握当今世界发展大势、社会主义初级阶段基本国情、改革发展实际的前提下,以科学理论引领人民群众进行科学实践,因为党性和人民性是一致的、统一的,中国共产党区别于其他政党的本质特征和根本优势在于党不仅知道实现人民群众的自由发展和解放是马克思主义的实践主题,知道人民群众的利益所在,最难能可贵是,党深知人类始终只能提出自己所能解决的任务,只能通过把握经济规律,促进经济发展来解决人民群众的具体利益诉求,只能通过提高发展质量和效益来切实保障人民群众利益的实现,只有从领导保证、制度保证等方面着手走真正适合中国国情的发展道路,尊重人民主体地位,保证人民当家作主,才能忠实有效地代表最广大人民的根本利益。

比如,在现阶段,党深知为人民群众服务、谋民生之利的前提条件是可靠的物质基础和完善的社会主义基本制度,人民群众根本利益的实现最终离不开“两个一百年”目标的如期实现,也即我们是通过掌握科学的世界观与方法论,通过

---

① 习近平:《人民对美好生活的向往,就是我们的奋斗目标》,载中共中央文献研究室编《十八大以来重要文献选编》(上),中央文献出版社 2014 年版,第 70 页。

科学把握和自觉遵循发展的客观规律为人民谋福祉的，党和政府的各项工作必须是充分体现和反映当代人对经济社会发展规律的深刻认识和对发展新阶段基本特征的深刻洞悉的，其发展思路、发展方向和发展着力点是有利于实现更高质量、更有效率、更加公平、更可持续的发展，是更加突出人民在发展中的主体地位，着力于让人民群众共享改革发展成果，共享改革开放取得的历史成就。正如有的专家所指出的："确保在全心全意为人民服务关键环节落实到位。首先是制度层面，坚定不移地坚持和发展中国特色社会主义制度。历史和现实证明，只有社会主义才能救中国，只有中国特色社会主义才能发展中国。有了中国特色社会主义制度才有人民的一切、人民的幸福。其次是政策策略的设计。这是把社会主义制度优越性转化成现实性的中间环节，与人民群众的切身利益直接联系。在这方面，党的十八大概括的'三个总'（总依据、总布局、总任务），表达了中国特色社会主义的真谛和要义，党的十九大构建了新时代坚持和发展中国特色社会主义的基本方略，作出的决胜全面建成小康社会，开启全面建设社会主义现代化新征程的重大战略安排，反映了中国经济社会现阶段发展的客观实际，符合中国人民的根本利益和长远利益，符合中国人民对美好生活的向往和现实要求。再次是直接的实践环节。这个环节做好了，党的全心全意为人民服务的宗旨才能真正落到实处，人民群众才能真正得到实惠。"①比如创新发展、协调发展、绿色发展、开放发展、共享发展就是以人民群众利益为根本出发点的发展，就是兼顾不同阶层、群体和社会成员利益诉求的发展，比如强调"发展绝对不能以牺牲人的生命为代价，这是一条不可逾越的红线"，这充分体现了党对人民的生理权利、生命权利和生存安全权利等人的物质权利、精神权利的关注、尊重和切实维护，并从体制上解决贫困群众共享改革成果的策略路径。

科学保障人民利益也包括为了人民的根本利益，党能够以自我革命的精神"自觉纠正超越阶段的错误观念和政策措施"②，以更好地胜任领导改革开放和社会主义现代化建设的新使命。与今天我们党和国家事业发展的要求相比，党

---

① 梅荣政：《新时代党的政治建设的根本出发点和落脚点》，《红旗文稿》2018 年第 19 期。

② 《习近平谈治国理政》（第一卷），外文出版社 2018 年版，第 11 页。

的执政本领有适应的一面，也有不适应的一面，党深知要真正得到人民信赖、拥护和支持，不仅是要充分相信群众、依靠群众，而且更需要有顺应知识经济发展的时代特点，提出更科学明确的思路、更精准有效的举措，提升理论思维水平和解决复杂问题的能力，在精准施策上出实招、下实功，用科学的方式、方法把群众工作做实、做深、做细、做透，为人民群众谋民生之利，人民群众才可能真正从内心拥护党。"幸福不会从天而降，好日子是干出来的。"①苦干实干绝不是蛮干，科学地干才能干出好日子，才能有幸福。"检验我们党的群众工作的成效，最终要看人民是否真正得到了实惠，人民生活是否真正得到了改善，人民群众的基本权益是否真正得到了保障。"②"小康不小康，关键看老乡，关键看贫困能不能脱贫。"③这些论断充分体现了党对马克思主义基本原理有更全面、更系统、更准确的理解，对包括底层民众在内的不同层次的各个群体乃至每个人的社会权利、物质权利、民主权利和政治权利等的关注和尊重，集中体现了马克思主义的根本立场，实现了人民群众观的正本清源、与时俱进，使马克思主义人民群众观不断时代化，体现出新的时代特征。

（二）群众路线实践的新内涵

1. 群众路线与群众路线实践。由于历史条件的限制，马克思、恩格斯都没有明确提出群众路线的科学概念。作为中国共产党三大法宝之一的群众路线是中国政治中特有的概念。"群众路线，是我党的根本传统，也是我国的根本传统。我们在开始建设的头几年没有很好地保持这一传统。经过这几年经验总结，我们认为无论是搞革命还是搞建设，都要执行群众路线。离开它，什么事情都干不好。"④"党的文献主要是从三个层面上论述群众路线的。一是从党的理念即党的性质和宗旨层面上论述的，也就是通常说的一切为了群众，一切依靠群众等，

① 中共中央宣传部编：《习近平总书记系列重要讲话读本（2016 年版）》，学习出版社、人民出版社 2016 年版，第 221 页。

② 全国干部培训教材编审指导委员会组织编写：《做好新形势下的群众工作》，人民出版社、党建读物出版社 2015 年版，第 21 页。

③ 中共中央宣传部编：《习近平总书记系列重要讲话读本（2016 年版）》，学习出版社、人民出版社 2016 年版，第 219 页。

④ 中共中央文献研究室编：《邓小平文集：一九四九～一九七四年》（下卷），人民出版社 2014 年版，第 225 页。

毛泽东用为人民服务这五个字加以概括。二是从科学方法论层面上论述的，也就是通常说的从群众中来，到群众中去的工作路线、工作方法等。三是从作风层面上论述的。也就是通常说的党群关系是种子与土地关系，是鱼和水关系，是亲人关系等。”①群众观是党的群众路线的认识基础，是共产党人制定一切纲领、路线和政策等的理论基础，群众路线本质上体现的是马克思主义关于人民群众是历史的创造者这一基本原理。中国共产党自成立之日起就确立了全心全意为人民服务的根本宗旨。“党的群众路线经历了新民主主义革命时期的提出与形成、社会主义建设时期的发展和挫折、改革开放新时期的进展和提升的过程。”②

学术界关于群众路线的概念是何时明确提出、由谁提出的问题，尚存争议，多数学者认为，党内最早（1928 年至 1929 年）比较明确使用群众路线这一概念的是李立三和周恩来。考察第二次国内革命战争时期的历史文献，明确使用“群众路线”这一概念的文献是党的六大决议案，有“党的总路线是争取群众”的说法。毛泽东在 1943 年 6 月为党中央起草的《关于领导方法的若干问题》，强调群众路线是党的基本领导方法，把群众路线提到马克思主义认识论的高度，强调从群众中集中起来又到群众中坚持下去，以形成正确的领导意见，党的七大进一步把群众路线提到关系党的生存与发展，关系党的性质的高度，把密切联系群众列为党的三大作风之一。党的七大通过的新党章，第一次明确规定了党的群众观点和群众路线的基本内容和基本要求，明确了群众路线是我们党的生命线和根本工作路线，明确了中国共产党具有密切联系群众的优良传统和政治优势。

党的十七大通过的《中国共产党章程》这样定义党的群众路线：“党在自己的工作中实行群众路线，一切为了群众，一切依靠群众，从群众中来，到群众中去，把党的正确主张变为群众的自觉行动。我们党的最大政治优势是密切联系群众，党执政后的最大危险是脱离群众。”③习近平继续强调中国特色社会主义是属于亿万中国人民的事业，坚持群众路线是我们党的生命线和根本工作路线，通过汲取群众的创造力以保持党的先进性，继续坚持从群众中来，到群众中去的工作

---

① 严书翰：《群众路线是最为重要的软实力》，《北京日报》2013 年 6 月 17 日。
② 许耀桐：《关于党的群众路线形成和发展的认识》，《理论探索》2013 年第 4 期。
③ 《中国共产党第十七次全国代表大会文件汇编》，人民出版社 2007 年版，第 67 页。

方法,把马克思主义实践观和群众史观落实运用在实际工作中,这些都极大地丰富了中国特色社会主义理论体系。

群众路线有三个方面的内涵:其一是政治含义,即党的群众路线是党的根本工作路线,也是党的根本组织路线。其二是方法论含义,即“从群众中来,到群众中去,把党的正确主张变为群众的自觉行动”①。其三是作风含义,即密切联系群众是党的优良作风。群众路线实践是指自觉践行马克思主义群众观,贯彻执行群众路线的实践,包括联系群众、宣传群众、组织群众、服务群众、团结群众等具体群众工作。深刻认识新形势下开展群众工作的社会历史条件和时代背景,着眼于我国新的历史方位和突出矛盾和主要问题,勇于正视问题、回应问题、解决问题。群众在哪里,群众工作就要做到哪里,这是贯彻党的群众路线的基本要求。

党的群众路线是中国共产党人把马克思主义关于人民群众是历史创造者的原理同中国具体实际相结合而形成的中国化的马克思主义工作路线和工作方法,“是马克思主义中国化的出场路径的最佳选择”②,是马克思主义关于群众问题世界观和方法论的集中体现。贯彻群众路线,就是通过群众的物质实践活动,以“武器的批判”来变革既存世界,与人民群众保持着密切的联系,与人民同呼吸共命运,获得人民的信赖、拥护和支持,更为实质性的是,“把群众路线贯彻到治国理政全部活动之中”,把广大人民群众永远置于中国特色社会主义事业实践的主体地位,贯彻到当今社会主义现代化实践活动中。对群众路线实践成果的重要检验,对党的一切活动的出发点和归宿是否落实的最终检验,就是现代文明的发展与进步——人民通向美好生活的幸福之路。

2. 党的十八大以来群众路线实践的不断深化。党的十八大以来的群众路线教育实践活动主要是在作风含义上展开的,作为政治含义和方法论含义的群众路线则体现在加强协商民主建设等其他战略部署之中。群众路线本质上体现的是马克思主义关于人民群众是历史的创造者这一基本原理,包括对待人民群众

① 《中国共产党章程》,人民出版社 2017 年版,第 20 页。

② 臧乃康:《群众路线:马克思主义中国化的出场路径》,《科学社会主义》2014 年第 2 期。

的立场、观点和领导人民群众的科学方法。在习近平总书记看来，群众路线紧密关联着思想路线、政治路线和组织路线，构成根本的工作路线和认识路线，决定着我们的工作作风，是我们的生命线。党和党员都必须通过群众路线实践来保证其先进性。2013 年 6 月 18 日，习近平总书记在党的群众路线教育实践活动工作会议上的明确提出了“群众路线是我们党的生命线”这一重要论断。在中共中央召开的纪念毛泽东同志诞辰 120 周年座谈会上，习近平总书记再次强调：“群众路线是我们党的生命线和根本工作路线，是我们党永葆青春活力和战斗力的重要传家宝。”中国共产党是立场、观点和方法的有机统一论者，是价值观、真理观和动力观的有机统一论者。马克思主义的立场、观点、方法、价值观、真理观、动力观，全部有机统一到群众路线实践中，实践价值点全部聚焦在人民群众这一主体上。从党性和人民性相统一的高度，强调“党性和人民性从来都是一致的、统一的”。把群众观点、群众立场与党的执政问题紧密联系起来。

当前，群众路线实践的深化具体表现为践行党的根本宗旨，坚持人民主体地位，实现以人民为中心的发展这一要求和目标所做出的努力，具体表现为党勇于坚持真理，敢于正视和纠正自己的错误，解决严重背离党的性质、宗旨和脱离群众等一系列影响中国特色社会主义事业发展大局的根本性问题所做的努力，具体表现为实现经济体制机制的革故鼎新，发挥出社会主义制度的优越性，打通服务群众的“最后一公里”，实现人民生活从温饱不足到总体小康所做的努力。

鉴于一些党员身上存在一种广大人民群众最为憎恨的作风，即形式上很“坚持”马克思主义（挂在嘴上），实际上言行不一，谋的是一己之私利，新时代人民群众观更加强调“知行合一”的严实作风。在初级阶段的奋斗目标上，党的奋斗目标与人民群众的理想期盼统一起来，在实践中不断推进理论创新和实践创新，贯彻新发展理念，实现经济高质量发展，使市场在资源配置中起决定性作用和更好地发挥政府的作用。“中国梦”是人民群众的梦，是与人民群众利益息息相关的梦，坚持“中国梦”和“人民梦”的有机统一，基于对人民群众期盼和需要的深刻体悟将人民的幸福提高到国家战略层面，在实现“中国梦”的历史进程中，逐步兑现对人民的承诺，自觉地把马克思主义群众观贯彻到坚持和发展中国特色社会主义的全部理论和实践活动中。

鉴于党正在经受着执政考验、改革开放考验、市场经济考验、外部环境考验，面临精神懈怠、能力不足、脱离群众、消极腐败等危险，党紧密结合新的时代条件和实践要求，提出了“老虎苍蝇一起打”的方针，强调重申“共产党人不是同其他工人政党相对立的特殊政党。他们没有任何同整个无产阶级的利益不同的利益”①。“共产党人为工人阶级的最近的目的和利益而斗争，但是他们在当前的运动中同时代表运动的未来。”②习近平总书记在庆祝改革开放40周年大会上指出：“40年来，我们始终坚持加强和改善党的领导，积极应对在长期执政和改革开放条件下党面临的各种风险考验，持续推进党的建设新的伟大工程，保持党的先进性和纯洁性，保持党同人民群众的血肉联系。”③党员干部与人民群众的关系就是公仆与主人的关系，要求牢固树立群众利益无小事的观念，始终将人民的富足、安全、文明、健康放在第一位，按群众的思维特点解决群众的问题，强调珍惜民力民智，解决民困民难，维护民生民利，要求把群众工作做实做细做好。党的十八大之后出台的一系列改革措施都是党在新时代践行群众路线的具体表现，这些措施无不最大限度地尊重民生诉求，实现群众利益，比如，生育政策调整，400多项政府审批权取消和下放，小微企业减免税，民间金融开放，公司注册取消资本金限制，放宽社会组织登记挂靠体制，设立自由贸易区等，目的均在于满足人民对社会公平正义的渴求，这些都是马克思主义群众观在我们党治国理政实践中的科学运用和生动体现。再比如，党的群众路线教育实践活动，就是以为民、务实、清廉为主要内容，赋予群众路线以新的时代内涵。“为民”是践行群众路线的根本立场，凸显强烈的忧民、爱民、为民、惠民之心，“务实”不是一般性号召，而是身体力行，崇尚实干、狠抓落实，是践行群众路线的时代精神，“清廉”是践行群众路线的必然要求。以群众路线为主题在全党进行集中教育活动，这在我们党的历史上是第一次，是加强和改进党的建设的创新之举，是践行为民、务实、清廉的一次生动实践。党的群众路线实践活动，把党的作风建设推进到崭新

---

① 《马克思恩格斯选集》（第一卷），人民出版社2012年版，第413页。

② 《马克思恩格斯选集》（第一卷），人民出版社2012年版，第434页。

③ 习近平：《在庆祝改革开放40周年大会上的讲话》（2018年12月18日），人民出版社2018年版，第18页。

的境界，使党的群众路线在理论和实践层面实现了新的飞跃。

贯彻践行群众路线的根本保证是从严管党治党，是以能力建设为基础加强党的建设，不断增强党的政治领导力、思想引领力、群众组织力、社会号召力，坚守共产党人的精神高地，保持使党永远立于不败之地的战略定力和政治自觉，把新理念新思想新战略的真理力量尽快转化为实践力量。党的十九大报告中明确提出全面增强执政本领的要求："领导十三亿多人的社会主义大国，我们党既要政治过硬，也要本领高强。"①为不断提高党的建设的科学化水平，习近平总书记提出"三严三实"要求，这正是从时代发展的特点出发，不仅继续秉承以人民为中心的执政理念，更全面深刻地概括和提升了全心全意为人民服务的内涵和外延，从而提升了全心全意为人民服务的理论与实践的新境界。"三严三实"的提出，不仅使全心全意为人民服务的宗旨在理论指向上有了新航向、新指针，更是在实践意义上给予了全体共产党员全心全意为人民服务的具体要求，使全心全意为人民服务的宗旨明确且坚定，为人民服务的要求具体且务实。当然，贯彻群众路线同样需要改革创新和务实精神，需要运用和强化国家力量做到科学决策、民主决策、依法决策，形成具有综合创新能力的制度，以集中力量办大事。

3."互联网+"助力群众路线实践赶上时代。习近平总书记认为，群众在哪儿，党就要到哪儿去，让互联网成为了解群众、贴近群众、走群众路线的新途径。"各级党政机关和领导干部要学会通过网络走群众路线，经常上网看看，了解群众所思所愿，收集好想法好建议，积极回应网民关切、解疑释惑。"②"互联网+"极大加强了群众路线实践的时代性、实效性。这是新时代人民群众观中最具有时代化内涵的突出创新点，有必要展开多说几句。

在"互联网+"时代，主体之间的交流与互动将得到空前加强，"互联网+"时代以大数据、云计算和物联网为基础，强调信息数据的连接、共享与安全，由此带来了信息高速公路乃至信息全连接、全天候、全透明的流动。2015年国务院

---

① 习近平：《决胜全面建成小康社会 夺取新时代中国特色社会主义伟大胜利——在中国共产党第十九次全国代表大会上的报告》(2017年10月18日)，人民出版社2017年版，第68页。

② 人民日报评论员：《领导干部要学会通过网络走群众路线——二论学习习近平在网络安全和信息化工作座谈会重要讲话》，《人民日报》2016年4月22日。

《促进大数据发展行动纲要》指出，要加快政府数据开放共享，推动资源整合，提升治理能力；推动产业创新发展，培育新兴业态，助力经济转型；强化安全保障，提高管理水平，促进健康发展。① "互联网＋"时代随时随地记录在案的大数据及其溢出效应将大大提升群众路线实践的质量和水平。

要不断推进群众路线实践，就必须充分认识和估量互联网的社会政治意义，它的出现究竟对当代群众路线实践产生怎样的影响，影响程度到底有多深？从技术可能性看，目前，互联网作为重要技术支撑力量，已经释放出一种全方位影响社会的巨大能量，在推动群众路线实践从现实空间向网络空间拓展方面发挥着越来越重要的作用。网络与信息化技术是20世纪人类的重大技术创新，不仅带来市场交易方式和产业组织方式的重大改变，也带来人们的思想观念、交往方式和生活范式的重大改变，带来政治民主方式的重大变革。"无人不网""无处不网""无时不网"，政治生活的可能性空间被极大地拓展了，政治信息也得以大容量、多渠道、高速度地流通和获取，公共舆论的形成更为迅速，公众的政治表达越来越能有效进入公共决策体系并对公共决策产生实质性的影响，互联网极大便利了人民政治话语权的实现，政治协商得以在更大范围和更深层次上展开，真正意义上的群众路线实践正在与我们渐行渐近。

从现实实践看，以互联网为媒介的民主政治实践的质量和水平有了质的提升。借助互联网技术，民众声音与公共政策之间的通道日益畅通，网络工具既为广大群众发声表达政治诉求提供了新的渠道和空间，也为执政党了解普遍性的民意诉求提供了新的言论平台。在网络公共舆论领域，越来越多的人致力于通过网络"求真理""求真相"，公共价值和是非受到网民的普遍重视。比如，近年来网民频繁就公共利益、公共决策问题提出意见建议，发出自己的声音，多数网民能够通过理性说服的形式，有序地表达自己的政治诉求和关切，解读评价公共政策，监督公共权力的运行状态，特别是网民的积极参与以及极高的关注度，客观上起到了督促相关职能部门或司法机关深入调查处置公共事件，矫治决策失误，落实对责任主体的"罪与罚"等方面的积极作用。在大多数情形里，网络公共

① 《促进大数据发展行动纲要》，人民出版社2015年版，第8—30页。

舆论中的民意在群众路线实践中所扮演的实际与潜在的角色越来越不可或缺，现实效力日益显现，为更民主、更科学的决策奠定了更为坚实的民意基础。可以说，每个网民的意志都对合力有所贡献，都为“公共理性”的形成贡献了自己的力量，对于协商达成某些正面的政治目标，对于增强政治实践和政治运作的正当性或合法性发挥了支撑性作用。这些有益的尝试和演练，无疑提升了群众路线实践的质量和水平，使群众路线实践的面貌景观有了很大的改变。

从发展趋势看，政治实践与互联网深度融合是一种客观的趋势，正在成为一种常态化的存在。拥有7亿网民的中国急速走进数字化时代，各级政府充分利用互联网履行基本职能，拓展履职空间，纷纷建立网络问政平台，以吸纳民意，聚集民智，回应社会关切，解民之所惑、急民之所忧，可以说，当今网络空间的群众路线实践方兴未艾，人民网、新华网、中国网等成了群众路线实践发展的重要平台。

当前，以互联网为支持系统的群众路线实践方兴未艾，作为新型民主载体的网络技术，无疑给民主政治建设，给党和政府密切联系群众带来了新动力和新气象，对于群众路线实践的健康发展意义深远。但任何技术都是“双刃剑”。群众路线实践中的许多新情况、新问题和新任务，在很大程度上也是因“网”而生。一是公民权利在网络空间行使和实现的过程中遇到了一些问题，不同群体因在拥有和使用现代信息技术方面存在的差距，他们的政治知情权及话语权实现程度是有很大差异的。比如为数众多的网民限于参政议政能力和实际活动范围，加上对客观的真实信息的了解比较有限，局限于数据海洋中一个个信息孤岛，难以正确分析和判断网络信息的真伪，导致他们的实际政治参与度和参与质量还不够高，在好多情况下主要是跟从少数意见领袖设置的话题随声附和，有时甚至会被某些别有用心的人利用。二是网络舆论场生态不够好。网络世界毕竟不能完全等同于现实世界，虽然在虚拟世界中人们选择、利用信息的内容和范围有了极大的拓展，但人们思想活动的多样性、差异性和选择性在网络空间进一步得到强化，权利和责任的失衡进一步加剧。随意化、非理性的言行导致虚拟世界海量化的涉政信息不仅真假混杂，良莠不齐，且被严重碎片化、感性化、娱乐化和快餐化，比如网上充斥的某些涉政闲言碎语和民间段子。特别是境外活跃度高的一些敌对势力也乘虚而入，利用网络平台适时介入国内公共议题的讨论，在迎合民粹的非理性诉求，扩散和曝光负面信息、突发事件上不遗余力地施加影响力，成为一些偏激言论的重要源头，境外势力的持续发声往往与境内一些不兼容于国内主流媒体的看法、建议遥相呼应，造成内外同气的巨大声势，所蓄积的能量有时足以混淆视听，左右和操纵民意，让电视、广播、报纸等传统主流媒体的正面信息被稀释，权威性受到挑战，进而扰乱秩序，严重损害公众的知情权，造成民意信息在准确性、时效性、客观性、完整性、真实性与可靠性方面的一系列问题，干扰公共决策。这些问题的出现，既与网民真实生活的复杂性和情绪心态的多变性有关，也与网民的思想认识、政治立场的差异性有关，更与网民的民主法治意识淡化、政治责任感不强等有关，所有这些问题可以归集为网络空间公民政治参与的公平性和规范性问题。

必须加强网络生态建设，寻找推进群众路线实践升级的新发力点。构建稳定、开放、包容、理性的多维公共舆论空间，是发展群众路线实践的题中应有之义，是民主建设的新的发力点。互联网已经深入我国社会，全国互联网使用率已经超过50%，且呈持续上涨趋势。鉴于网络政治正在成为一种新的政治形态，网络舆论场生态建设必须同步跟进。2016年4月19日，习近平总书记在网络安全和信息化工作座谈会提出，要建设符合人民利益的网络生态空间，打造健康清朗的网络精神家园。十六届四中全会提出，“要高度重视互联网等新型媒体对社会舆论的影响”，这是我们在新形势下推进群众路线实践的重要理论指南，我们必须把建设更加安全、文明的网络世界作为协商民主建设工作的重中之重来抓，形成新的工作发力点。

首先，网络生态治理要和线下的社会政治生态治理同步进行，维护好、实现好公民在网络空间的各项民主权利。网络空间和现实空间无法分割，网络空间的生态一定程度上是真实社会政治生态的反映，是现实社会生态的延伸。线下的现实政治生活的和谐发展，是网上政治生活和谐的基础。只有坚持全面从严治党，不断完善社会主义民主制度，不断完善党和国家领导体制，推进国家治理体系和治理能力现代化，提升政府公共服务水平，充分尊重民意、用好民智，充分调动人民的积极性、主动性、创造性，完善公民有序化政治表达和政治参与的现实渠道，才能从根本上培养出公民的民主参与精神，持续强化社会群体的价值共识和正义意识，提升民众的理性参与意识与协商能力，让公民产生超越于个人与团体之外的普遍性的、公共性的利益诉求，增强公众对公权力部门的心理认同与包容度，实现公民网络政治参与机会的均等化，这样才可以期待关心普遍利益的公众在“众声喧哗”中实现“真理越辩越明”，进而达成政治共识。

其次，以法律规范参与主体的言行，净化网络舆论空间。尽快制定出台信息政治时代的网络公约，出台相应的法律法规，加强网络舆论场生态建设。解决网络舆论场建设的核心问题，必须用法治思维和法治方式，充分挖掘和保护网络空间人们精神生活中所包含的宝贵的民主基因，运用法治手段，创造有序的网络公共生活，提升网民的道德意识和法律意识，解决网民发表言论可能带来的法律问题，以解决政治信息传递的无序性和网民政治参与的非规范性问题。也只有依靠法律在全社会范围内树立规则意识和公共责任意识，从个人良知与正式规则上约束和规范人们的言行，才能彻底解决网络生态问题。鉴于地位平等、个人人格的平等和独立是理性沟通的基础，当务之急重点是从法律上贯彻平等原则，进一步明确网民的公民身份，以法律法规确保网民政治参与的公平性和规范性，以法律法规确保所有参与主体自由、平等的权利和机会，解放参与主体的政治话语权，确保以互联网为支持系统的公共舆论领域真正成为民众互动沟通、探讨公共话题和进行政治参与的重要场所。

最后，尽快实现核心技术的突破，为群众路线实践提供技术支撑。习总书记强调：“从社会发展史看，人类经历了农业革命、工业革命，正在经历信息革命。”网信事业发展必须“贯彻以人民为中心的发展思想”，“让亿万人民在共享互联网发展成果上有更多获得感”。要有效维护人民的网络权利，消除数字鸿沟等带来的不平等，避免民众的民主权利在网络空间被虚化，就必须“尽快在核心技术上取得突破”。网络空间群众路线实践的发展必须与最新科技深度融合，以重大核心技术突破为支撑。我们必须在保证网络空间国家主权和信息安全的前提下，通过核心技术的突破，破除信息壁垒及数据地方保护主义和部门保护主义，加大政治信息向公众的公开程度和范围，进一步实现信息资源占有的均等化，弥合数字鸿沟。在信息化时代推进群众路线实践，离不开更加真实、更加准确及时地发布政治信息，厘清事实真相，因为对相关信息掌握的程度直接影响网民政治参与的程度和水平，我们的主流媒体必须借助核心技术支撑的大数据信息流，让网民尽可能多地了解一些迫切需要的信息，让全民共有共享信息资源，这样才有助于提升民意信息的准确性、时效性、客观性、完整性，也有利于实现党对公共舆论的主导权，有利于群众路线实践质量、水平的提升。

二、新时代人民群众观的科学性品格透视

中国特色社会主义进入新时代，党在坚持把握历史前进的基本规律，按历史规律办事方面更加自觉，人民群众观的科学性进一步增强。新时代人民群众观作为中国特色理论体系中一个重要组成部分，它的科学性自然也要放在整个中国特色社会主义理论体系的科学性中去把握。

一种思想体系影响历史的深度和广度，同它所蕴涵的科学性、价值性的多少成正比。中国特色社会主义将道路、体系、制度三者统一于实践，其科学性在于全面认识和遵循客观规律，指明了社会主义现代化国家的实现途径，其价值目标是人的全面发展，创造人民的美好生活，中国特色社会主义在一般性方面彰显了科学社会主义的普遍精神和属性，在特殊性方面体现着时代特征与中国特色，它是马克思主义中国化的最新成果，是指导实现中华民族伟大复兴的科学理论。新时代人民群众观至少有下列几个方面闪烁着科学精神的光芒。

（一）新时代人民群众观坚持了马克思主义的科学精神、逻辑体系，直接秉承了科学社会主义理论原则的科学性，彻底贯彻了科学社会主义的基本原则

“中国特色社会主义的世界性意义主要在于：它验证了马克思主义理论的真理性；验证了理论联系实际原则的科学性，验证了当今世界现实中社会主义优于资本主义。”[①]习近平总书记指出：“在人类思想史上，就科学性、真理性、影响力、传播面而言，没有一种思想理论能达到马克思主义的高度。”[②]众所周知，马克思主义的问世是人类思想史上最伟大的思想革命，马克思“创造性地揭示了人类社会发展规律”[③]，马克思主义发现了现代资本主义生产方式和它所产生的资产阶级

① 赵汇：《论中国特色社会主义的世界性意义》，《教学与研究》2009 年第 5 期。
② 《习近平谈治国理政》（第二卷），外文出版 2017 年版，第 65 页。
③ 习近平：《在纪念马克思诞辰 200 周年大会上的讲话》，人民出版社 2018 年版，第 7 页。

社会的特殊的运动规律，马克思主义如实地反映世界的本来面目和社会发展规律，科学地总结了人类已有的思想理论成果，批判地继承了人类思想史上最优秀的成果而又突破了其局限性，形成了崭新的科学世界观和方法论，从根本上改变了人类的思维方式。马克思主义基于两个伟大发现，用生产力和生产关系、经济基础和上层建筑的矛盾运动来解释人类历史的发展变化，把生产力作为推动社会前进最活跃、最革命、最根本的力量，科学分析了资本主义社会的内在矛盾，为人类社会发展进步指明了正确方向。这是马克思主义的理论力量和逻辑力量所在。

中国特色社会主义理论体系深刻总结了我国社会主义的历史经验教训，特别是深刻总结了改革开放以来的成功实践，并借鉴其他社会主义国家兴衰成败的历史经验，实现了理论与实践的成功结合，对在中国这样一个经济文化比较落后的国家如何建设社会主义、如何巩固和发展社会主义，对建设什么样的党、怎样建设党，实现什么样的发展、怎样发展等一系列重大问题，做了全面、科学的分析和解答，从而开拓了科学社会主义的新境界。"中国特色社会主义，既坚持了科学社会主义基本原则，又根据时代条件赋予其鲜明的中国特色，中国共产党在实践中，没有丢科学社会主义基本原则，而是对它进行了创造性运用和发展。"①比如，科学认识和把握社会主义初级阶段的基本国情，深刻认识到生产力的发展是推动社会发展的根本动力，深刻认识到社会主义的根本任务是解放和发展生产力的社会主义建设规律，深刻认识到党执政后的根本任务是发展生产力。再比如，对社会主义建设的具体规律也有深刻把握，认识到：一是生产资料公有制为主体、多种所有制经济共同发展的产权发展规律；二是按劳分配为主体、多种分配方式并存的分配规律；三是先富带后富，逐步达到共同富裕的规律；四是人的全面发展的规律；五是区域经济梯度协调发展规律。这就把我们对社会主义建设规律的认识提高到新的水平，开辟了当代中国马克思主义发展的新境界。

"'党的十八大以来，以习近平同志为总书记的党中央毫不动摇坚持和发展中国特色社会主义，勇于实践、善于创新，深化对共产党执政规律、社会主义建设

---

① 赵曜：《中国特色社会主义是科学社会主义基本原则的创造性运用和发展》，《科学社会主义》2013 年第 2 期。

规律、人类社会发展规律的认识,形成一系列治国理政新理念新思想新战略,为在新的历史条件下深化改革开放、加快推进社会主义现代化提供了科学理论指导和行动指南。'一个治国理政的科学思想体系,日渐清晰。"①从而进一步把对社会主义的认识提高到新的科学水平。中国特色社会主义理论体系之所以始终具有科学性,在于它是开放的、与时俱进的理论体系,在于它具有强大的自我修复和自我纠错能力,能够始终保持蓬勃生机和活力。中国特色社会主义理论体系在深刻总结和反思社会主义发展的历史经验教训的基础上,在与人类文明成果的互鉴与会通中,不断实现自身的丰富和完善,形成了博大精深的科学体系。中国特色社会主义理论体系是与马克思列宁主义、毛泽东思想一脉相承而又与时俱进的科学体系。

从理论形态看,中国特色社会主义理论体系首先是一种科学的先进的思想理论成果。在理论"形态"上,体现为邓小平理论、"三个代表"重要思想和科学发展观以及习近平新时代中国特色社会主义思想,中国特色社会主义理论体系不是各个组成部分简单的叠加,而是一个联系紧密的有机整体,一切从实际出发、实事求是是贯穿其中的精髓和活的灵魂。党的十八大以来,以习近平同志为核心的党中央带领全国人民为实现"两个一百年"目标和中华民族伟大复兴的中国梦而奋力开拓,接力奋斗,形成一整套社会主义治国理政的新思想、新理念和新战略,充分显示了中国特色社会主义理论形态内容上的前后一贯性和主题上的内在统一性,体现了"历史从哪里开始,思想进程也应当从哪里开始"的特征,很好地保持了理论体系主要理论形态发展的历史进程和重大理论问题发展的思想进程的内在逻辑一致性。

新时代人民群众观融于中国特色社会主义理论体系中,与所在统一体之间的内在联系决定了其分享整个理论体系的科学性。新时代人民群众观是中国特色社会主义的重要组成部分,是习近平新时代中国特色社会主义思想的核心内容,它实现了科学社会主义理论逻辑和中国社会发展历史逻辑的辩证统一,这集中表现在,新时代人民群众观的社会理想依然是实现物质财富极大丰富、人民精

---

① 任仲平:《标注治国理政新高度》,《人民日报》2016年5月3日。

神境界极大提高、每个人自由而全面发展的共产主义社会，最鲜明政治立场依然是致力于实现最广大人民的根本利益，最重要的理论品质依然是坚持一切从实际出发，理论联系实际，实事求是，在实践中检验真理和发展真理。

（二）新时代人民群众观进一步坚定了“四个自信”

新时代人民群众观实现了真理力量与道义力量的统一，有着广泛而深厚的社会基础，仍然代表着我们时代的真理和良心，占据着公平正义的制高点。作为一种将认识世界和改造世界高度统一的思想理论，新时代人民群众观始终贯穿着依靠人民和为了人民的导向，其宗旨始终是要通过“革命的、实践批判的活动”，通过改变世界来最终实现工人阶级和全人类的解放，实现人的自由而全面的发展。它的全部理论都立足于每个人的自由发展是一切人自由发展的条件的最高价值取向，立足于实现和维护最广大人民的根本利益，始终把全人类解放和人的全面发展作为自己最高的价值追求，这一崇高价值追求最终也经受住了历史和时代的考验，其科学性和真理性，越来越获得世界绝大多数人的认同。新时代人民群众观在解答当代中国社会发展遇到的各种问题时体现出鲜明的彻底性和人民价值性，坚持人民主体地位这一根本的立场、观点、方法，把解释世界和改变世界统一起来，把实现人民群众的根本利益作为中国特色社会主义理论体系的最高价值目标，不仅以全新的视野深化了对共产党执政规律、社会主义建设规律、人类社会发展规律的全面认识，极大地拓展了人类认识、改造世界的深度和广度，而且为当代人类关注的诸多共同命题注入更加丰富的人文意蕴，对人类进步事业产生了积极而深远的影响。

新时代人民群众观是以科学的态度对待科学，以真理的精神追求真理的又一典范。它开辟了马克思主义发展新境界，不断深化人们对人类社会发展规律、社会主义建设规律、共产党执政规律的认识，在坚定中国特色社会主义的道路自信、理论自信、制度自信和文化自信方面，展现出强大的真理力量和实践伟力。

1. 新时代人民群众观极大地增强了我们的道路自信。新时代人民群众观进一步明确了当代中国发展进步的根本方向和新时代中国共产党治国理政的大逻辑：“既不走封闭僵化的老路、也不走改旗易帜的邪路。”新时代人民群众观不断坚定着人们走中国特色社会主义道路的信心和决心。新时代人民群众观深入敏锐地自觉把握中国特色社会主义道路的基本特点、根本性质和本质特征，主张把群众路线贯彻到治国理政的全部活动中，主张尊重人民主体地位，坚持以人民为中心的发展理念，依靠人民推动历史前进，依靠人民创造历史伟业，更加注重满足人民群众日益增长的美好生活需要，更加聚焦人民群众美好生活的多样性、广泛性和高质量要求，不断增进全体人民的经济、政治、社会、文化、生态权利，不断增强人民的获得感、幸福感和安全感。新时代人民群众观的理论与实践主题，就是坚持和发展中国特色社会主义，强调道路问题是关系党的事业兴衰成败第一位的问题，强调中国特色社会主义道路是实现我国社会主义现代化、创造人民美好生活的必由之路。新时代人民群众观所坚持的现代化道路，是实现人的全面发展、社会全面进步的共同现代化道路，是全新的人类社会现代化道路，它主张用发展的办法，即通过推进工业化、信息化、城镇化和农业现代化的“新四化”，搞好经济、政治、文化、社会和生态文明五大建设，解决发展中的问题。新时代人民群众观深刻把握住当今世界发展的新趋势，积极顺应人类文明发展的新走向，主动拥抱并引导全球化，强调人类作为一个整体的命运，从生产方式出发，关注人的生存境遇、利益需求和责任担当等，主张从伙伴关系、安全格局、经济发展、文明交流、生态建设等方面做出努力，建设相互尊重、公平正义、合作共赢的新型国际关系，主张多样化社会制度和平共处，兼容不同的价值理念，反对把自己的意志强加于人，反对干涉别国内政，反对以强凌弱，主张将自身发展机遇同世界各国分享，将中国自身发展与世界共同发展统一起来。坚持人民创造历史，坚持以人为本、人民至上，坚持立党为公、执政为民的新时代人民群众观，必将使我们对中国道路的理论逻辑和历史逻辑的认识更加清晰，使我们的政策和策略更加适应时代和国情，更有利于走出一条更好地解放和发展生产力的以人民为中心的现代化道路，走出一条根本上扬弃和超越西方现代化的道路，必将增强全体中国人民的道路自信。

2. 新时代人民群众观极大地增强了我们的理论自信。理论自信是对中国特色社会主义理论体系的自信，源于中国特色社会主义理论体系的科学性、人民性和与时俱进的开放性理论品格。理论自信源自理论创新，科学理论成果是坚定理论自信的坚实基础。新时代人民群众观作为党的最新理论创新成果，立足于鲜活丰富的当代中国实践,进一步破解时代之问、实践之问、人民之问,全面把握中国特色社会主义进入新时代的必然进程及其内在逻辑,发扬光大马克思主义的科学原理和科学精神,进一步澄清我们思想上的疑、认识上的惑,坚定了我们坚持和发展中国特色社会主义的信念和定力,进一步巩固了全党、全国各族人民团结奋斗的共同思想基础。新时代人民群众观作为奋进新时代、开启新征程、夺取新胜利的科学世界观和方法论,以其深度的科学真理性、强大的理论解释力和鲜明的人民性价值立场,推动新时代思想建党向纵深发展,让全党更加牢记初心、使命,科学把握中国特色社会主义事业总体布局和战略布局,让党进一步掌握中国化的马克思主义、发展着的马克思主义,不断提高运用马克思主义分析和解决实际问题的能力,不断提高党和国家事业发展的水平。这一理论创新成果,也让人民群众在深化认识中提高认识,让人民群众更加明晰党的领导是新时代中国特色社会主义事业取得胜利的根本保证,更加自觉地坚定马克思主义的信仰,不断增强对中国特色社会主义理论体系的自觉自信。

3. 新时代人民群众观极大地增强了我们的制度自信。新时代人民群众观引领鲜活丰富的当代中国实践,进一步澄明中国制度的显著优势,让人们在深刻领悟中国特色社会主义制度赖以确立的科学理论基础中坚定制度自信。中国特色社会主义制度自信有其坚实的科学理论基础,我们的制度自信是基于制度的理论基础的科学性、真理性的自信。新时代人民群众观的深度思想内涵和严密理论逻辑,赋予中国特色社会主义制度不断实现自我完善和发展的动力和活力,推动制度优势和制度潜力不断释放,促进中国特色社会主义制度走向成熟定型,充分发挥其优越性,确保中国特色社会主义制度和国家治理体系是在顺应时代潮流、回应人民群众新期待中不断丰富成长,不断完善发展的,确保它不断实现先进经验和有效政策的制度化,不断回应时代提出的问题,不断适应当代中国发展进步的要求。新时代人民群众观确保中国特色社会主义制度的发展既符合理论逻辑,也符合历史逻辑和实践逻辑,既集中体现中国特色社会主义政治上层建筑的本质,也不断吸收借鉴人类制度文明的有益成果,既不偏离人类文明发展大道,又超越西方制度模式的弊端,保持制度的先进性。新时代人民群众观引领广大人民群众对改革不停顿、开放不止步的认识水平和思想境界不断提升,进一步激发人民群众的历史主体性和积极创造性，不断将远大理想和共同理想转化为推进制度创新的实践力量，不断强化制度自信和制度创新的有机结合度，极大增强了中国制度的深层优势和强大自我完善能力，推动制度在变与不变的结合中保持生机与活力。

4. 新时代人民群众观极大地增强了我们的文化自信。新时代人民群众观在新的时代背景和实践条件下进一步凝聚社会共识，建设党和人民共有的精神家园。新时代人民群众观具有开放性、包容性、合作性和实践性，具全球视野、天下情怀和时代担当，契合社会发展现代化的时代潮流。新时代人民群众观适时把握了中国和平发展的强劲态势及国际地位显著提升的新形势，引导人们从世界潮流的高度看问题，正确把握历史发展的主题和主线、主流和支流、历史趋势和规律，强调中国人民具有伟大的创造精神、伟大奋斗的精神、伟大的团结精神和伟大的梦想，发出了代表中国人民的新时代心声。比如新时代人民群众观强调维护国际公平与正义，提倡正确的义利观，倡导亲、诚、惠、容等周边外交新理念，倡导共同、综合、合作、可持续的新安全观，积极倡导联合、合作、共享价值观，致力于世界各国双赢、多赢、共赢的发展目标，倡导建立不冲突、不对抗、相互尊重、合作共赢的新型大国关系，倡导遵守共商、共建、共享原则合作构建“一带一路”等，全面地提升了主流意识形态的有效“理论供给”，进一步巩固了马克思主义在意识形态领域的指导地位，不断丰富人民的精神世界、激发全民族文化创新创造能力，为当代中国文化发展注入了丰富的思想内容，使我们的思维方式、行为方式、工作方式有新的转变，涵养全党、全国各族人民奋勇前进的强大精神力量，培育中国共产党的政治文化和社会主义先进文化。

（三）新时代人民群众观的实践性进一步增强

中国特色社会主义理论体系的科学性正在不断为中国改革开放的实践所证明着，中国特色社会主义理论体系是指导当代中国不断发展进步的唯一正确的科学理论和实践。从中国特色社会主义的实践形态看，新时代人民群众观是科学社会主义与当代中国实践和时代特征相结合的产物。理论是否付诸实践、是否坚持科学实践的观点，是识别理论科学性的重要试金石，中国特色社会主义既知道如何“解释世界”，也懂得如何“改变世界”，中国特色社会主义仍然是改变现存状况的现实的运动，从来就不只存在于精神层面。“面向未来，全面建成小康社会要靠实干，基本实现现代化要靠实干，实现中华民族伟大复兴要靠实干。”①倡导推行“马上就办、真抓实干”的思想理念和工作精神，增强工作的科学性、预见性、主动性。要始终以高度的历史自觉、深邃的历史眼光和深刻的历史思维，认识和把握历史发展规律。马克思指出：“一步实际运动比一打纲领更重要。”②列宁喜欢引用拿破仑的一句名言：“首先要投入真正的战斗，然后便见分晓。”③当前中国共产党正从政治、经济、文化、社会、生态、党建等方面综合施治，推进中国特色社会主义事业，中国特色社会主义伟大实践正在续写社会主义历史的新篇章，中国的改革开放和现代化建设事业展现出蓬勃生机和无限光明的前景，中国的政治、经济、文化、社会和生态方面不断取得的辉煌成就，不断证明中国特色社会主义理论体系的科学性，不断证明着中国特色社会主义的原创性、合理性、优越性和成长性。中国特色社会主义理论体系为当代中国走向富强、民主、文明、和谐、美丽的现代化强国，实现“两个一百年”奋斗目标提供了理论指南和实践遵循。

综上所述，新时代人民群众观接受了以往丰厚历史文化和思想理论的滋养，既继承了马克思主义经典作家关于人民群众地位、使命、作用相关论述的基本精神，又准确把握新时代的脉搏，把人民群众放在心目中最高的位置，更加尊重和突出人民群众的主体地位，更加重视发挥人民群众改造世界、追求美好生活的主体作用，更加注重采取切实有效的措施最大限度地激发汇聚人民群众的创造伟力于新时代坚持和发展中国特色社会主义的伟大事业中，更加注重通过全面深化改革彻底破除各种体制机制壁垒，保护人民群众的创造活力和创造热情，更加聚焦新时代社会主要矛盾的变化，着力维护人民群众依法享有的各种权益，并将人民群众作为党和国家工作的最高裁决者和最终评判者。所有这些，进一步丰富和发展了马克思主义人民群众的理论和实践内涵，将马克思主义人民群众观发展到新的境界。

---

① 中共中央宣传部编：《习近平总书记系列重要讲话读本（2016 年版）》，学习出版社、人民出版社 2016 年版，第 13 页。

② 《马克思恩格斯文集》（第三卷），人民出版社 2009 年版，第 426 页。

③ 《列宁专题文集　论社会主义》，人民出版社 2009 年版，第 359 页。

第三章 新时代人民群众观的思想理论基础溯源

新时代人民群众观最终发展了马克思主义关于人民群众的观点，从思想基础和理论渊源看，马克思主义唯物史观是新时代人民群众观最重要的理论资源。在新时代人民群众观产生之前，已有马克思主义、列宁主义、毛泽东思想、邓小平理论、“三个代表”重要思想、科学发展观等马克思主义重大成果存在。此外，构成新时代人民群众观理论与实践资源的还有：来自社会主义方面的，主要是20世纪社会主义实践的历史经验教训；来自资本主义方面的，主要是15世纪以来资本主义所走过的道路及其所取得的经验教训以及西方传统政治思想；来自其他发展中国家的，主要是战后新独立的发展中国家走过的道路与遇到的困境。同时中国传统文化中关于人民群众的有益思想也为新时代人民群众观所吸收。当然，马克思主义是新时代人民群众观形成的最主要的理论渊源和理论基础。人民群众观实质上是世界观和方法论的外在表现，新时代人民群众观本质上就是马克思主义世界观和方法论的体现，马克思主义关于人民群众的观点为新时代人民群众观所承继，新时代人民群众观也是中国特色社会主义理论体系在新的历史条件下的逻辑延续，是一脉相承、创新发展和与时俱进的关系。

一、马克思主义经典作家的人民群众观是新时代人民群众观的主要理论基础

从思想渊源和理论基础来讲，新时代人民群众观归根到底是以马克思主义基本理论为其理论基础的，特别是以唯物主义历史观作为理论基石的，其全部立论基础无疑是马克思主义哲学世界观和方法论。

马克思主义人民群众观的基本内容由一系列关于人民群众、关于党和人民

群众关系的理论观点构成，围绕无产阶级和人类解放主题展开。马克思主义历史唯物主义最重要最核心的内容是群众观点和实践观点，历史唯物主义深刻阐明了无产阶级作为社会主义社会创造者的世界历史作用，深刻揭示了资本主义生产方式和资本主义社会的运动规律，指明了资本主义必然灭亡的历史趋势和人类社会发展的共产主义前途，肯定了生产力的最终决定作用，指出历史过程中的决定性因素归根到底是现实生活的生产和再生产，"社会生活中具有基础性决定性的现实是经济现实"①，并从这个"最革命""最活跃"的因素中找到了最现实的批判力量，找到了改变世界的现实力量，那就是无产阶级。这样，马克思主义的理论既科学地回答了"世界何以可能"的问题，也科学地回答了"人类解放何以可能"的问题。马克思主义所要求的解放是按照规律和理性的解放，是置于人类社会"自然历史过程"的解放，是按照"自然历史进程的规律"去争取解放，包含了经济解放、政治解放和精神解放。经济解放是通过新型国家制度消灭剥削和压迫，铲除产生剥削和压迫的物质根源，要让人民有足够的物质生活资料，要让人民生活得好，摆脱自然界的奴役和压迫，实现经济解放，做自然的主人；政治解放是要通过摧毁"使人成为受屈辱、被奴役、被遗弃和被蔑视的东西的一切关系"，即资本主义和封建主义的生产关系，建构和谐平等的社会关系，让人民生活的有尊严，摆脱社会的奴役和压迫，实现政治解放，做社会的主人；精神解放是要通过人性的完全复归和个性的彻底解放，摆脱思想的奴役和压迫，实现思想解放，做自身的主人。马克思主义经典作家正因为发现了"历史活动是群众的事业"，决定历史发展的是"行动着的群众"②，人类的解放就必然通过根本变革"群

---

① 陈先达:《马克思主义哲学关注现实的方式》,《中国社会科学》2008 年第 6 期。

② 早在 19 世纪 40 年代，马克思、恩格斯就在《神圣家族》中明确提出"历史活动是群众的事业"，决定历史发展的是"行动着的群众"。马克思主义认为共产主义的本质要求是实现人的全面自由发展，共产主义的实现必然诉诸人的自由而全面的发展，因为人是社会的存在物，人的社会本质是最重要、最根本的，人终归是在一定的社会关系条件下从事生产劳动并且通过生产劳动表现自己独特性的一种存在物。"一切人自由全面发展"成为人类解放的必由之路，人类解放之后，人将成为自然界的主人，成为"自己和社会结合的主人"。马克思、恩格斯认为"为了实现思想，就要有使用实践力量的人"，而"使用实践力量的人"就是人民群众。马克思、恩格斯发现了现代资本主义社会中能够除旧布新的力量，发现了人民群众是历史的创造者和推动者，无产阶级是社会主义社会的创造者，指出了无产阶级的世界历史作用，其任务和使命就是推翻资本主义的世界，并在这场斗争中把一切被剥削的劳动者团结在自己的周围。

众的世界”,在生产方式和交换方式的变更中去实现,进而发现人类解放的可能性与条件,完成对人类发展道路的探索和对未来理想社会的建构。所以历史唯物主义成为“关于现实的人及其历史发展的科学”,首次确立了人民群众的历史主体地位,实现了历史观上的伟大变革,使社会主义学说由空想变为科学,同时“把伟大的认识工具给了人类,特别是给了工人阶级”。

马克思、恩格斯所要解决的最大的时代问题,是实现以无产阶级为代表的劳动者的自由、发展和解放,他们的根本价值取向是彻底地全心全意地为工人阶级和人民的解放而斗争,把人民群众的利益看得高于一切,“把人民群众的公共利益,摆在自己的私人利益之上”,这是唯物主义历史观与各种形形色色的唯心主义历史观的根本区别之一。他们认为共产党人与整个无产阶级、人民群众的利益是一致的,是与人民群众共命运的,真正的共产党人没有任何同整个无产阶级的利益不同的利益,共产党以实现人民利益为最高目标,正如《共产党宣言》鲜明指出的:“无产阶级的运动是绝大多数人的,为绝大多数人谋利益的独立的运动。”[①]这是马克思、恩格斯基于对人类幸福的终极关怀而对时代问题做出的科学认识和解答,社会主义的全部价值观都是建立在这一科学基础之上的。因此,始终代表最广大人民的根本利益,而不是代表哪一个或哪几个利益集团的特殊利益,是共产党区别于其他政治势力的最大特色所在,也是其最大优势所在。

列宁坚持和发展了马克思、恩格斯的人民群众观,对待人民群众的立场和态度与马克思、恩格斯一脉相承,他把人民称作“自觉的历史活动家”[②],认为历史活动是群众的事业,历史创造活动与社会发展的客观过程是二位一体的,决定历史结局的正是广大群众,相信“千百万创造者的智慧却会创造出一种比最伟大的天才预见还要高明得多的东西”[③],广大群众代表着社会发展的方向和规律。列宁相信群众、依靠群众,把马克思主义人民群众观创造性地运用于本国的革命实践,通过自己的执政实践去兑现其在领导推翻旧政权时给广大工农群众的承诺,正确确立党政机构与人民之间的关系,确保政治体制的人民性,使科学社会主义

---

① 《共产党宣言》,人民出版社 2018 年版,第 39 页。
② 《列宁选集》(第一卷),人民出版社 2012 年版,第 127 页。
③ 《列宁全集》(第三十三卷),人民出版社 2017 年版,第 285 页。

理论变成了切切实实的社会主义运动。

毛泽东思想也发展了马克思主义人民群众观，毛泽东将全心全意为人民服务确立为党的根本宗旨，重视党同人民群众的关系问题，重视做好群众工作，进一步深化关于人民群众地位作用的认识，断言："人民，只有人民，才是创造世界历史的动力。"①"共产党是为民族、为人民谋利益的政党，它本身决无私利可图。"②"全心全意地为人民服务，一刻也不脱离群众；一切从人民的利益出发，而不是从个人或小集团的利益出发；向人民负责和向党的领导机关负责的一致性；这些就是我们的出发点。"③毛泽东认为："一切空话都是无用的，必须给人民以看得见的物质福利。……我们的第一个方面的工作并不是向人民要东西，而是给人民以东西。"④"我们不但要提出任务，而且要解决完成任务的方法问题。我们的任务是过河，但是没有桥或没有船就不能过。不解决桥或船的问题，过河就是一句空话。不解决方法问题，任务也只是瞎说一顿。"⑤进一步将群众史观具体化为党的群众观点，从理论上丰富了马克思主义人民群众观。

马克思主义人民群众观所要解决的最核心最本质的问题，不仅仅是回答要不要实现人民群众解放的问题，即以无产阶级为代表的劳动者和劳动者阶级的解放问题，而且要回答如何实现解放的问题，要回答如何保障马克思主义解放主题的现实性和真实性问题，如何找到解放的现实力量和实现途径，这是保障解放的现实性和真实性的关键，因为马克思主义所要求的这种解放不是停留在价值诉求和哲学推理上。

如何有效地为人民服务是马克思主义者多年来不断探索和实践的一个问题，从马克思、恩格斯的人民群众观开始，到毛泽东、邓小平、习近平等对全心全意为人民服务宗旨的阐述和论断，我们从中可以清楚地看到一条一脉相承又与时俱进的思想主线，这就是：一切为了人民、一切相信人民、一切依靠人民，诚心

① 《毛泽东选集》（第三卷），人民出版社 1991 年版，第 1031 页。
② 《毛泽东选集》（第三卷），人民出版社 1991 年版，第 809 页。
③ 《毛泽东选集》（第三卷），人民出版社 1991 年版，第 1094—1095 页。
④ 《毛泽东文集》（第二卷），人民出版社 1993 年版，第 467 页。
⑤ 《毛泽东选集》（第一卷），人民出版社 1991 年版，第 139 页。

诚意为人民谋利益，这是马克思列宁主义和毛泽东思想的根本出发点和落脚点，也是中国特色社会主义理论体系的根本出发点和落脚点。习近平总书记关于始终坚守的人民立场，真正保障人民权益的大量论述，是在新的历史条件和新的历史起点上对马克思主义无产阶级立场的坚持发展，其逻辑上的承袭性、一致性非常明显。

二、邓小平理论、“三个代表”重要思想、科学发展观是新时代人民群众观的直接理论来源

以邓小平、江泽民、胡锦涛为代表的党在新时期的领导人对人民群众观问题做过很多重要论述。邓小平理论、“三个代表”重要思想、科学发展观的立场，坚持发展了马克思主义人民群众观的基本立场，始终站在人民大众的立场上，立党为公、执政为民，把服务群众、造福百姓作为最大的责任。

改革开放以来，以邓小平为核心的第二代党中央领导集体继续从人民主体出发进行探索，科学判断时代主题和时代特征，重新思考如何通过以物质生产作为实践的基本形式，如何通过作为主体的人来改变这个世界，实现人的解放问题，重新调整中国与世界的关系，重新确立了马克思主义的思想路线、政治路线和组织路线，再次明确党的奋斗目标和人民愿望的一致性，明确“群众是我们力量的源泉，群众路线和群众观点是我们的传家宝”①。“人民群众的觉悟性、积极性、创造性愈是发展，工人阶级的事业就愈是发展。”②“只要我们信任群众，走群众路线，把情况和问题向群众讲明白，任何问题都可以解决，任何障碍都可以排除。”③以邓小平为核心的第二代党中央领导集体在人民群众观、群众路线问题上做了大量拨乱反正、正本清源的开创性工作，继承和发展了马克思主义人民群众观。

首先是对我国社会的阶级阶层构成状况做了符合实际的分析和估量，认真落实了多项有关人民群众核心利益的政策，如知识分子政策，肯定了知识分子的工人阶级性质，把知识分子列入人民群众这一概念范畴，大大增加了人民群众的

---

① 《邓小平文选》（第二卷），人民出版社 1994 年版，第 368 页。
② 《邓小平文选》（第一卷），人民出版社 1994 年版，第 217 页。
③ 《邓小平文选》（第二卷），人民出版社 1994 年版，第 152 页。

数量，扩大了人民群众队伍，汇聚了更多的力量投入到中国特色社会主义建设中。其次是对领袖与人民的关系问题进行了理论上的再认识，科学分析并界定了领袖同人民群众之间的关系。邓小平曾经深情地说："我是中国人民的儿子，我深情地爱着我的祖国和人民。"他还强调，群众是我们力量的源泉，群众路线和群众观点是我们的传家宝，要把人民拥护不拥护、赞成不赞成、高兴不高兴、答应不答应作为制定方针政策的出发点和归宿，把是否有利于发展社会主义社会生产力、是否有利于增强社会主义国家综合国力、是否有利于提高人民的生活水平作为判断一切工作是非得失的标准。

邓小平理论作为马克思主义与当代中国实践和时代特征相结合的产物，在回答"什么是社会主义、怎样建设社会主义"这一重大而根本问题时，牢牢把握住社会主义的本质规定和奋斗目标，把坚持社会主义道路与满足人民群众的物质利益需求统一起来，团结带领中国人民进行改革开放新的伟大革命，提出解放思想，解放生产力，以解放思想为先导解放生产力，"先富带后富，最终实现共同富裕"的富民思想，强调基本路线要坚持一百年不动摇，发展才是硬道理，特别是从理论上澄清了人们在市场经济等问题上"姓社姓资"的质疑，为探索在社会主义市场经济条件下解放和发展生产力的新路，指明了方向。马克思主义的群众观点始终贯穿于邓小平理论以及党在改革开放新时期的基本路线中，被赋予新的时代特征。

改革开放前期的群众路线实践具有了新内涵，主张依靠实事求是和改革开放诚心诚意为人民谋利益，主张检验我们一切工作的成效，最终都要看人民是否真正得到了实惠，人民生活是否真正得到了改善，人民权益是否真正得到了保障。

在改革开放前期，我国的社会主义现代化建设实践依据现实社会的主要矛盾和基本矛盾及其发展趋势，重回人类文明发展的大道，重回世界发展体系之中，中国人民的根本利益也被放到世界利益大格局中加以维护和发展。邓小平强调，要相信依靠人民去解决国家和社会发展的根本问题，依靠现实条件所能够切实保证的物质力量，去保障人民的物质生活和精神生活，保证人民享有共同致富的权利，最终实现共同富裕的奋斗目标。邓小平在维护人民利益方面采取了许多有效举措，即进行改革开放这一新的伟大革命，这极大地激发了广大人民群众的创造性，极大地解放和发展了社会生产力，极大地增强了社会发展活力。邓小平指出，“贫穷不是社会主义”，发展太慢也不是社会主义，把党的工作重点转移到社会主义现代化建设上来，开启了全面建成小康社会进而实现社会主义现代化的伟大历程。最关键的是邓小平把是否符合最广大人民的意愿作为党和政府思考问题和制定政策的基本点，主张一切工作和方针政策都要以是否符合最广大人民群众的根本利益作为最高衡量标准，把“人民拥护不拥护”“人民赞成不赞成”“人民高兴不高兴”“人民答应不答应”作为制定各项方针政策的出发点和归宿。比如，1977 年恢复高考、对我国改革开放的总设计、提出“一国两制”的伟大构想、加强民主法制建设等大政方针，都顺民心、得民意，这些都极大地调动了全国人民建设中国特色社会主义的积极性。

邓小平指出：“群众路线和实事求是这两条是最根本的东西……群众路线和实事求是特别重要。”①在发展的问题上，邓小平坚持实事求是，把“三个有利于”作为衡量各方面工作成败的标准，把是否有利于发展社会主义社会生产力，是否有利于增强社会主义国家综合国力，是否有利于提高人民的生活水平作为判断一切工作是非得失的标准。邓小平还指出，一些干部不把自己看作人民的公仆，而把自己看作人民的主人，对于那些搞特权、特殊化，经过批评教育不改的，人民有权依法检举、控告、弹劾、撤换、罢免。这些都极大地保障了人民的民主权利，丰富了人民群众观的理论内涵和实践内涵。

以江泽民为核心的党的第三代中央领导集体明确提出了“立党为公、执政为民”的重要理念，尤其是把“代表最广大人民的根本利益”作为“三个代表”重要思想的核心内容，这是对人民群众观和党的群众路线的进一步丰富和发展。

“三个代表”重要思想最显著的特点，就是把人民群众摆在“根本”的位置上，对党的全心全意为人民服务宗旨在新的历史条件下做了新概括，在尊重社会发展规律和尊重人民历史主体地位一致性方面达到了新的统一。“三个代表”重要思想进一步发展了人民群众观的内涵与外延，巩固了党的阶级基础，扩大了党

---

① 《邓小平文选》(第二卷)，人民出版社 1994 年版，第 45 页。

的群众基础，使我们党既是名副其实的工人阶级先锋队，同时又代表着全国人民和中华民族的整体利益和根本利益。新社会阶层中的广大人员成为社会主义的建设者，他们获得政治上的明确定位，通过诚实劳动和工作，通过合法经营，为发展社会主义社会的生产力和其他事业做出了贡献，他们与工人、农民和知识分子一样，成为中国特色社会主义事业的建设者，成为先进生产力和先进文化的创造主体之一。"三个代表"重要思想对人民"根本利益"的认识进一步深化，主张"必须坚持把人民的根本利益作为出发点和归宿，充分发挥人民群众的积极性、主动性、创造性，在社会不断发展进步的基础上，使人民群众不断获得切实的经济、政治、文化利益"。[①] 我们党无论何时何地，不管在什么条件下，都要依靠人民群众的智慧和力量，都要全心全意为人民服务。

以胡锦涛为总书记的党中央在人民群众的历史作用、人民群众的利益主体观、人民群众权力主体观、群众工作方式方法上丰富和发展了马克思主义群众观。以胡锦涛为总书记的党中央明确提出了以人为本的科学发展观，强调"人民群众是推动科学发展的主体"[②]，发展为了人民，发展依靠人民，发展成果由人民共享，主张"全国各族人民是建设中国特色社会主义事业的主体，人民群众积极性创造性的充分发挥是我们事业成功的保证，不断实现最广大人民的根本利益是我们党全部奋斗的最高目的"[③]，要求"支持新的社会阶层发挥中国特色社会主义事业建设者的作用，使全体人民都满腔热情地投身改革开放伟大事业"[④]，继续把始终保持党同人民群众的血肉联系作为保持和发展马克思主义政党先进性的根本点，作为提高党的建设科学化水平的重要任务。把以人为本、执政为民作为党一贯的政治主张和执政理念，强调党的方针政策更好地体现人民群众的利益，工作更加符合客观实际和规律，保持发展的科学性、合理性，通过科学把握和自觉遵循客观规律，着力解决社会主义社会的主要矛盾，要求发展要体现合规律

---

① 《江泽民文选》（第三卷），人民出版社 2006 年版，第 279 页。

② 中共中央文献研究室编：《十七大以来重要文献选编》（上），中央文献出版社 2009 年版，第 579 页。

③ 中共中央文献研究室编：《十六大以来重要文献选编》（上），中央文献出版社 2005 年版，第 369—370 页。

④ 中共中央文献研究室编：《十七大以来重要文献选编》（上），中央文献出版社 2009 年版，第 799 页。

性与合目的性的统一,科学维度与价值维度的统一,要求“细心体察群众愿望和利益要求的变化,使我们的政策措施更全面、更准确地反映群众利益,使我们的工作更好地、更有力地体现群众的利益”①。最重要的一条,是反对恣意妄为,反对随心所欲,不做违背经济规律的事情,按科学的态度和规则,以理性合法的形式来推进发展,要求科学“认识和把握新形势下人民内部矛盾的特点,探索化解人民内部矛盾的正确途径和有效方法”②,提高人民的思想道德素质、科学文化素质和健康素质。

面对时代主题的转换,面对国际国内的新形势,习近平新时代中国特色社会主义思想的人民群众观坚持和发展了全心全意为人民服务的根本宗旨,人民群众的实践主体地位和作用受到重新审视,在促进人民群众根本利益的实现方面,在人类解放和人的发展的具体道路与方式的选择方面,更加富有科学性。中国梦的提出和伟大实践所确认和彰显的价值目标和追求,无不体现着为人民服务的宗旨,强调相信群众,依靠群众,集中群众的智慧和力量,才能让中国梦的实现充满蓬勃生机和强大活力,才能把为人民造福事业推向前进。

新时代人民群众观强调:“坚持人民主体地位,充分调动人民积极性,始终是我们党立于不败之地的强大根基。”③关于人民群众的巨大力量,新时代人民群众观强调:“人民是历史的创造者,群众是真正的英雄。人民群众是我们力量的源泉。”④关于保障人民主体地位,新时代人民群众观强调“要随时随刻倾听人民呼声、回应人民期待,保证人民平等参与、平等发展权利,维护社会公平正义”⑤。关于维护人民群众利益,新时代人民群众观强调要“使发展成果更多更公平惠及全体人民”⑥,让人民有获得感。关于我们党和人民群众的关系,新时代人民群众观强调“人民对美好生活的向往,就是我们的奋斗目标”,“我们党的最大政治优势

---

① 中共中央文献研究室编:《十六大以来重要文献选编》(上),中央文献出版社 2005 年版,第 404—405 页。

② 中共中央文献研究室编:《十六大以来重要文献选编》(下),中央文献出版社 2008 年版,第 689 页。

③ 《习近平谈治国理政》(第一卷),外文出版社 2018 年版,第 27 页。

④ 《习近平谈治国理政》(第一卷),外文出版社 2018 年版,第 5 页。

⑤ 习近平:《在第十二届全国人民代表大会第一次会议上的讲话》,人民出版社 2013 年版,第 6 页。

⑥ 中共中央文献研究室编:《十八大以来重要文献选编》(上),中央文献出版社 2014 年版,第 236 页。

是密切联系群众，党执政后的最大危险是脱离群众"①。这些重要论述体现了我们党对于人民主体原则的清醒认识和一贯坚持，体现了我们党服务人民群众的工作方向更明确、方法更科学。

群众的呼声就是最紧要的时代问题，问题就是时代的呼声。强调全心全意为人民服务，既有服务范围"量"的界限，更有服务内涵"质"的规定，要求服务"完全""彻底""全心全意""尽心尽力"，这是在治国理政中应表现出的思想觉悟、精神境界、目的追求、作风态度。习近平总书记以非凡的理论勇气、高超的政治智慧、坚韧不拔的历史担当精神，在十八届一中全会后的中外记者见面会上明确宣示："人民对美好生活的向往，就是我们的奋斗目标。"②他把人民对美好生活的向往作为自己的奋斗目标，把增进人民福祉作为价值取向。他对人民群众反映强烈的一些突出问题做了回应，表示必须下大气力解决一些党员干部中发生的贪污腐败、脱离群众、形式主义、官僚主义等问题。他强调："要永远保持建党时中国共产党人的奋斗精神，永远保持对人民的赤子之心。一切向前走，都不能忘记走过的路；走得再远、走到再光辉的未来，也不能忘记走过的过去，不能忘记为什么出发。面向未来，面对挑战，全党同志一定要不忘初心、继续前进。"③"我们一定要始终与人民心心相印、与人民同甘共苦、与人民团结奋斗，夙夜在公，勤勉工作，努力向历史、向人民交出一份合格的答卷。"④这番话，是新一届党中央对人民的庄严承诺，也是新时代人民群众观的简要表达。

习近平总书记的系列重要讲话以及"四个全面"战略布局，集中国特色社会主义理论体系之大成，创造性地丰富和发展了中国化的马克思主义，深刻地回答了如何全面建成小康社会，如何全面深化改革，如何全面依法治国，如何全面从严治党，为实现中华民族伟大复兴的中国梦提供了正确的理论指导。"四个全面"体现了马克思主义哲学的人民性特征，体现了执政党的人民情怀。"全面建

---

① 中共中央文献研究室编：《十八大以来重要文献选编》（上），中央文献出版社 2014 年版，第 70、698 页。

② 中共中央文献研究室编：《十八大以来重要文献选编》（上），中央文献出版社 2014 年版，第 70 页。

③ 习近平：《在庆祝中国共产党成立 95 周年大会上的讲话》，人民出版社 2016 年版，第 7—8 页。

④ 《习近平谈治国理论》（第一卷），外文出版社 2018 年版，第 5 页。

成小康社会”和人民幸福紧紧相连，“全面深化改革”要让人民享有更多改革成果，“全面依法治国”要让人民群众感受到法治的公平正义，“全面从严治党”将进一步加强党和人民群众的血肉联系，把人民群众的利益实现好、维护好、发展好。

从上述梳理可以看出，习近平总书记深入开掘马克思主义的伟大理论宝库，紧密结合当代世界发展的实际和当代中国发展的实际，对马克思主义群众路线的实现形式、主要任务以及实现条件都进行了十分有益的探索，对马克思主义做出创造性发展，把党的全心全意为人民服务的内在属性和执政信念落到实处。

三、西方传统政治思想是新时代人民群众观的重要借鉴

西方传统政治思想与马克思主义共生与融合，无疑是孕育马克思主义人民群众观的理论武库与文化土壤。关于人民群众的历史地位，关于人民群众在国政治生活中的作用影响问题，尽管在马克思主义问世之前的绝大多数的政治思想家那里还得不到科学系统的研究解释，但他们关于人民群众的总的看法和基本观点，特别是其中那些内含着历史唯物主义因素的卓越见解，自然成为马克思主义人民群众观得以产生的重要思想材料，这对我们今天正确认识和理解人民群众的历史地位和作用，牢固树立正确的人民群众观仍具有重要的启发与借鉴意义。

(一)古希腊罗马政治思想家的人民群众观

从古希腊各种学说中，“几乎可以发现以后的所有观点的胚胎、萌芽”①(文德尔班语)。绝大多数的政治思想家尽管没有从整体上对人民群众的历史地位、作用问题作出科学的说明与解释，但我们仍能从中发现不少饱含历史唯物主义因素的卓越见解，获得不少启发、教益。

古希腊时期，政治思想家们对人民群众的历史地位和作用的理解认识，在当时所建立的各种民主政治体制中多有反映。从梭伦改革到伯里克利改革，到古代雅典民主政治达到顶峰，所推行的直接民主制、公民抽签选官制、官员短任期制、公众法庭和陶片放逐法等制度，无不内蕴着政治思想家对人民群众力量和作

① 转引自于海：《西方社会思想史》，复旦大学出版社 2005 年版，第 23 页。

用的理解认识。梭伦改革的目的在于扩大雅典立法会议的社会基础,尽量满足普通公民参与政治的要求,“在富人和穷人之间形成一种和谐或平衡,贫富双方都能得到公平的对待”①,全体公民被划分为四个等级,第四等级被允许参加公民大会,参与决定国家大事。梭伦改革意味着政治家开始有了明确的权利义务观念,并培养公民参政的习惯和意识。克莱斯提尼改革彻底摧毁了旧贵族的权力基础,制定了“陶片放逐法”,“使公民可以通过投票把他们所不欢迎的政治煽动者驱逐出城邦”②。伯里克利时代的改革,将权力转移到由全体男性公民组成的公民大会,公职向所有阶层开放,公元前 457 年,第三等级取得了担任执政官的资格。这些都是杰出政治家开始意识到人民群众的历史作用的表征。

对人民的认识渗透在古希腊的人性理论之中。普罗泰戈拉的感性论、德谟克利特的理性论、柏拉图的理念论、亚里士多德的人性论多少都涉及对人民的看法和认识。政治思想家们已经从朴素唯物论的角度认识客观规律,注意到人的自然性和社会性,认为人不可以自为自在地存在,揭示了社会性对于人的重要意义。他们从人的起源、自然属性上说明奴隶和奴隶主之间无差别,具有一定的阶层平等意识,“希腊人国家理念的基本思想是:国家全体成员共同享有一种生活的和谐”③。伯里克利说:“我们的法律对所有人提供了平等的正义而不论其私人生活上的千差万别;在人们的社会地位方面,成就完全取决于个人的能力。”④他还认为:“一个公民只要有任何长处,他就会受到提拔,担任公职,贫穷不再是障碍物,任何人都可以有益于国家,不管他的境况有多黯淡。”⑤这些思想虽然整体上没有摆脱英雄史观,但对人民群众的参政资格、能力和作用的认识是比较符合历史实际的。

苏格拉底、柏拉图、亚里士多德等人对人民群众的历史地位和作用的认识达

---

① [美]乔治·萨拜因著,[美]托马斯·索尔森修订,邓正来译:《政治学说史》(上卷),上海人民出版社 2008 年版,第 55 页。

② 唐士其:《西方政治思想史》,北京大学出版社 2002 年版,第 46 页。

③ [美]萨拜因著,[美]托马斯·索尔森修订,邓正来译:《政治学说史》(上卷),上海人民出版社 2008 年版,第 55 页。

④ 转引自唐士其:《西方政治思想史》,北京大学出版社 2002 年版,第 47 页。

⑤ 转引自[美]斯塔夫里阿诺斯著,吴象婴、梁赤民译:《全球通史——1500 年以后的世界》,上海社会科学院出版社 2000 年版,第 209 页。

到了那个时代的最高认识水平。苏格拉底认为,“发现那些名气最大的人恰恰是最愚蠢的;而那些不大受重视的人实际上倒比较智慧,比较好些”①。柏拉图把城邦看作一个大家庭,认为城邦的人本为一土所生,互为兄弟姐妹,但他根据人的天赋,把人分为金、银、铁、铜的等级,还认为各等级都是神命定的,任何人都不得逾越,各等级应当各守其位,各司其职,互不干涉。在他眼里,只有哲学家才能胜任统治者,普通民众没有能力管理国家,奴隶只是一种工具,没有资格属于任何等级,在“理想国”中毫无地位。亚里士多德肯定了人民在国家政治生活中的重大作用,认识到“在政治活动中,公众意见或舆论不仅是一种不可避免的力量,而且在一定程度上还是一项正当的判准”②,认为“一种政体如果要达到长治久安的目的,必须使全邦各部分的人民都能参加而怀抱着让它存在和延续的意愿”③,认为“奴隶和主人在自然本性上的利益事实上完全相同……倘若奴隶消失了,主人也无法继续存在”④。这就等于肯定了人民群众的政治选择和意愿是政治组织存续的重要基础因素。

古罗马政治思想承接自古希腊,并在法治基础上继续发展,形成了以保障人身权利和财产权利为核心的政治法律思想,关于人民群众的看法与观点大多蕴涵于法律现象和法律制度之中。古罗马最有影响的政法思想家,如巴比尼安、盖优士、乌尔比安、保罗士、莫特斯丁等,他们在解释和论证法律时所形成的许多原则性思想论断,带有明显的人道主义色彩,内蕴着对人民群众的积极看法和认识。在古代世界最系统最完备的法律体系中,有不少保障公民(一定程度上包括奴隶)人身及政治权利的法律条款,在一定程度上体现出“人民是全部政治权力和法律的最终来源”的思想。⑤ 比如通过了可以选出代表民意的“护民官”等一些对平民有利的法案,平民获得参选执政官的权利。再如,公元前376年通过了

① 北京大学哲学系外国哲学史教研室编译:《西方哲学原著选读》(上卷),商务印书馆1981年版,第67页。

② [美]乔治·萨拜因著,[美]托马斯·索尔森修订,邓正来译:《政治学说史》(上卷),上海人民出版社2008年版,第134页。

③ [古希腊]亚里士多德著,颜一、秦典华译:《政治学》,北京大学出版社2005年版,第88页。

④ [古希腊]亚里士多德著,颜一、秦典华译:《政治学》,北京大学出版社2005年版,第82页。

⑤ 唐士其:《西方政治思想史》,北京大学出版社2002年版,第125页。

明确免除债务的法律,公元前326年废除了债务奴役制。在古罗马人的自然法观念中,“奴隶主与奴隶的区别不过是法律习惯造成的,作为人而言,奴隶与他们的主人具有同样的本性,而且同样能够具有完善的道德”①。罗马法倡导两大理念,一是“法人”理念,二是契约理念,在司法实践中逐步确立起一些有效保护公民权利的司法原则,影响至今。比如不能根据思想对人定罪,不能迫使某人以违背自己意志的方式为自己辩护,不可缘于某人的犯罪而惩戒其他任何人。自然法理论所主张的人们都是天然的平等关系,在法律面前人人平等的思想,极大地冲击和消解了奴隶制度和特权观念,在具体司法实践中使罗马奴隶的法律地位和待遇得以改善,其进步作用是显而易见的。这些司法实践无疑内含着保障和尊重人民群众人身及政治经济权益的积极思想。

在共和国时期,国家被视为公民共有的财产,承认民众个体作为政治共同体平等一员的身份。西塞罗认为:“共和国是人民的事情,人民不是以任何方式联系起来的任何人的群体,而是由相当数量的通过赞同法律和权力的共同意愿以及参与互利行动的愿望而团结起来的那种群体。”②他认为:“每个人都应当享有某种程度的人之尊严并得到某种程度的尊重,每个人都在这个伟大的兄弟般的社会之中,而不是在它之外。即使某个人是奴隶。”③也就是说,优良政体的产生是基于不同时代的知识积累而不断进化的结果,并非某个人的理性建构。当然,西塞罗也认为国家的各种措施最终都是为了使人民听命于贵族权威,他担心人民掌权的民主体制会使整个国家受制于人民的反复无常,但这也说明他从反面看到人民影响历史发展力量的强大。

总之,在古希腊罗马时期,政治思想家们所处的历史条件以及他们所代表的阶级本性,决定了他们的历史观基本上属于唯心主义的天才史观,但这并不妨碍他们提出一些符合历史实际的见解,如提出了主奴、贵贱生来没有差别的可贵思

---

① 唐士其:《西方政治思想史》,北京大学出版社2002年版,第133页。

② [美]乔治·萨拜因著,[美]托马斯·索尔森修订,邓正来译:《政治学说史》(上卷),上海人民出版社2008年版,第212页。

③ [美]乔治·萨拜因著,[美]托马斯·索尔森修订,邓正来译:《政治学说史》(上卷),上海人民出版社2008年版,第211页。

想,这在一定程度上肯定了人民群众的智慧和力量,对后世认识人民群众的历史地位和作用具有深远的开创性意义。

(二)中世纪和文艺复兴时期政治思想家的人民群众观

经院哲学的代表性思想家托马斯·阿奎那深入思考了人的全整性、个体性和在世性,他的人学思想对后世影响深远。托马斯·阿奎那认为,人的理性信仰与人之间有着亲和关系,强调人之尊贵不仅是因为现实存在的人都是个别的,还由于人的理性本性,他已经意识到"一个受万民爱戴的君主的政权是不容易推翻的"①。这说明,他认识到君主政权的存亡与人民群众是否支持关系甚大,人民群众的力量是不能忽视的。

14 世纪下半叶到 16 世纪,一些进步思想家在人民群众的历史地位和作用问题上的一些有价值的观点,集中表现在人文主义者的政治主张中。他们强调人是认识客观事物的主体,强调人在世界中的主体地位与价值,反对宗教神学,反对封建专制和等级特权,主张自由、平等,形成了高扬人的理性、肯定人性的人文主义思潮,以知识和理性为历史进步的动因和尺度,肯定科学和理性精神对于人类历史的进步意义,在一定时期、一定程度上代表了广大人民群众的愿望和利益。人文主义者提出人人一律平等,打破封建等级的政治要求,在一定程度上内含着对人民群众历史地位和力量的肯定。被称为"人文主义之父"的彼特拉克,反对把人分为等级,认为一个人要获得幸福,就不能从属于任何等级。另一个人文主义者薄伽丘认为,按照人的出身门第区分贵贱是"世俗的谬见",薄伽丘确信,人的高贵并不取决于出身,而是决定于人的才智,他说:"贫穷不会磨灭人的高贵品质",穷人家往往出现圣贤,倒是"高贵叫人丧失了志气",主张"我们人类是天生一律平等的,只有道德才是区分人类的标准,那发挥大才大德的才当得起一个贵,否则就只能算是贱",他惋惜那些"人间英杰"往往"埋没在草莽里"②。但丁在其政治学名著《论世界帝国》一书中说:"公民不为他们的代表而存在,百姓也不为他们的国王而存在;相反,代表倒是为公民而存在,国王也是为百姓而

---

① [意]托马斯·阿奎那著,马清槐译:《阿奎那政治著作选》,商务印书馆 1963 年版,第 74 页。

② [意]薄伽丘著,王林译:《十日谈》,北京燕山出版社 2005 年版,第 357、935 页。

存在……虽然从施政方面说，公民的代表和国王都是人民的统治者，但从最终的这方面来说，他们却是人民的公仆。”①这不仅反映了新兴资产阶级反对封建贵族，要求确认自己的社会地位的愿望，也折射出当时主流社会对人民群众的认识逐渐转向正面，正在发生积极向好的变化。

反映早期无产者和其他劳动群众愿望的空想共产主义者，在他们提出的理想社会中，肯定了人民群众和杰出人物的地位和作用。英国空想共产主义者康帕内拉，在其所设计的“太阳城”中，人无高低贵贱之分，都是平等的，“太阳城”设有全体“公民会议”，人民群众可以参政议政，“每个人都有权对共和国的缺点和对政府负责人员执行工作的好坏，提出自己的意见”②。所有的管理人员都是由领导提名和人民选举产生的。“负责人员的更换，要根据人民的愿望来决定。”③这已经是明确肯定人民在政治生活中的决定性地位和作用的思想。

（三）近代欧美政治思想家的人民群众观

近代欧洲出现了影响巨大的思想解放潮流，宗教神学思想的束缚被冲破，广大人民群众在社会变革中显示了巨大的能量和作用。这一时期的西方政治语境中，不同阶级的代表性思想家将社会分为精英与大众两大群体，对人民群众和杰出人物的历史地位和作用问题发表了不同的观点。“群众”的概念偶有使用，其基本含义是人的集合体，人们更多使用的是“人民”“民众”“大众”或“公民”的概念，其本义是少数上层阶层外的社会成员、平民大众等。马基雅弗利、孟德斯鸠、休谟、汉密尔顿、麦迪逊等思想家对人民群众表示了他们的恐惧和反感，在他们的心目中，群众带有无序、愚昧、盲从、非理性、无组织、暴力的贬义色彩，人民群众仅仅被当作可以利用的工具或者手段，但人民群众的巨大力量毕竟是被他们看到了，看到了“民意即天意”，比如卢梭认为法律是公意的体现，人民通过议会发出声音并形成法律。只是他们既想操纵利用群众又害怕、不信任群众。

霍布斯的“社会契约论”，主张“君权人授”，反对“君权神授”，具有明显的反

---

① 转引自柳成焱：《“人民公仆”的历史由来与现实意义》，《中国纪检监察报》2013年5月9日。
② ［意］康帕内拉著，陈大维、黎思复、黎廷弼合译：《太阳城》，商务印书馆1980年版，第39页。
③ ［意］康帕内拉著，陈大维、黎思复、黎廷弼合译：《太阳城》，商务印书馆1980年版，第40页。

封建的性质，虽然他“呼吁专制君主制镇压强壮而心怀恶意的小伙子，即人民”①，不过从主权在君到主权在民毕竟是一种进步，主权在民原则至少有三层意思：其一，国家是人民的国家，国家的一切权力归全体人民所有。其二，人民是国家的主体和根本，人民力量和民心向背决定着政权的兴亡。其三，人民通过多种方式享有各种权利，国家通过各种方式保证人民享有权利。

洛克肯定了人“天生都是自由、平等独立的”，“赋有同样的能力”，②他着重强调人的生命权、自由权及财产权的重要性，认为国家是通过人民订立契约而建立的，“政府的目的是为人民谋福利”③。立法者和最高执行者是由人民的真正代表推选出来的。“只有人民才能通过组成立法机关和指定由谁来行使立法权，选定国家的形式。”④立法者必须根据人民的利益来制定法律，使用社会力量，如果立法者和君主违背社会契约，辜负人民的委托，人民起而反抗和革命是正义的。在这里，洛克在一定程度上阐明了政府的合法性来自民的重要思想。

温斯坦莱提出的“人民勤务员”思想，直接肯定了人民群众在政治生活中的地位与作用。他认为，担任“特殊工作”的“公仆”必须每年改选一次，在位的领导人不能自己指定接班人，同时他还明确提出了有任期限制的公职人员都是为人民服务的“勤务员”，强调国王或官员只是在约定的“特殊任期”内为公众服务的“佣人”或“仆役”而已，国王或官员不得凌驾于民众之上，更不得享有任何便宜、特权。这些“佣人”或“仆役”的是非成败和升降去留，一切都取决于人民群众或社会公众之中的多数人在定期举行的选举中用选票所直接表达的意志和愿望。在他的理想的“共和国”里，主张国家的“一切真正的公职人员都是人民选举出来的”，被选出的公职人员应是“共和国忠实的、公正的奴仆”，而不是人民的老爷。⑤ 为了防止他们“蜕化变质”，应当每年改选一次。这种“人民公仆”思想，强调一切权力属于人民，反映了作为无产阶级先驱者的贫苦农民要求民主的强烈

---

① 《马克思恩格斯选集》（第三卷），人民出版社 1995 年版，第 709 页。

② ［英］洛克著，瞿菊农、叶启芳译：《政府论》（下篇），商务印书馆 1982 年版，第 5 页。

③ ［英］洛克著，瞿菊农、叶启芳译：《政府论》（下篇），商务印书馆 1982 年版，第 139 页。

④ ［英］洛克著，瞿菊农、叶启芳译：《政府论》（下篇），商务印书馆 1982 年版，第 88 页。

⑤ 北京大学哲学系外国哲学史教研室编译：《十六—十八世纪西欧各国哲学》，商务印书馆 1975 年版，第 118 页。

愿望。

亚当·斯密在《国富论》中所提出的利己主义“经济人”概念，强调每个人天然地是自己利益的最好判断者，应该让每个人都有按自己的方式来行动的自由，强调追求个人利益的活动能自然地增进公共利益。亚当·斯密提出“看不见的手”概念，表明他意识到存在某种客观的历史强制力，这里多少已经觉察到人民大众影响历史的巨大力量。以边沁、密尔为代表的西方功利主义也有以人为本的伦理追求，他们提出一个人的行为应当总是促进最大多数人的最大快乐或幸福，这样的行为才是道德的、至善的，反之，是不道德的，是恶的。穆勒把为大多数人的福利而牺牲自己的福利看作是最高的幸福，提出实现最大多数人的最大幸福的主张。“最大多数人的最大快乐”的理性原则尽管存在明显的逻辑缺陷，但仍有一定的合理性，马克思主义在创立过程中无疑受到功利主义的影响。

法国思想家和政治家在人民群众和杰出人物的地位与作用的问题上也提出许多卓越的见解。孟德斯鸠看重杰出人物的作用，对人民力量不太信任，但他在一定程度上同意历史活动是群众的事业，承认人民群众的政治地位。他认为，民主政体下的所有公民都有资格参与法律的制定，都有权利决定政治经济制度，但他们自己也要遵守这些法律和制度，所有公民都有资格通过投票来选举他们的统治者，可以通过选举代表参与立法，在政治上发挥监督作用。他虽然对人民参政做了限制性规定，但肯定了人民可以选举代表参与立法，在政治上进行考核、监督，这有维护人民政治权益的深刻内涵。①

在卢梭的社会政治学说中比较充分地肯定了人民群众的作用。首先，他相信人民在政治生活中的能力和积极作用。他认为，如把属于人民的大权转交给“代表”来行使，轻则偏离人民的本真意愿，重则造成人民“主人”地位的实质性旁落，“公共权力的合法性只能源于人民的同意”②，国家的最高权力应完全属于人民，国家应当代表全体人民的共同意志，即“公意”，国家的职责仅仅是执行“公意”。他肯定了人民群众的意志在政治体制变革中的决定性作用，他认为，如果

① 参见［法］孟德斯鸠著，张雁深译：《论法的精神》（上），商务印书馆 1987 年版，第 132—154 页。

② ［法］卢梭著，何兆武译：《社会契约论》，商务印书馆 1980 年版，第 37、125、184 页。

国家或君主违反了“公意”,践踏了人民的生命财产和自由平等权利,那么人民就有权起来推翻国家。提出人民有权利用暴力革命的方式推翻封建专制以实现社会变革的思想,是卢梭思想的独到之处。当然,卢梭在本质上还没有摆脱英雄史观,对杰出人物的历史作用难免夸大。

法国“百科全书派”领袖狄德罗不同意霍布斯的君主专制论,他肯定了人民在政治生活中的地位与作用。他认为,人民不应该也不可能把自己的权利完全交给一个人。政权是公共财产,不是个人财产,政权决不能离开人民,它在本质上只属于人民,仅仅为人民所固有。爱尔维修和霍尔巴赫作为法国工商业资产阶级思想的代表,他们认为人民是社会变革的重要力量,当统治者极端残暴时,人民可以举行起义,推翻统治者。他们从“人是环境和教育的产物”的观点出发,认为天才人物也是环境和教育造成的。这些思想是包含着唯物主义因素的。

18 世纪法国还出现了代表贫苦农民和手工业者利益的空想共产主义者,他们对人民群众和杰出人物的作用问题也表明了自己的观点。马布利十分重视人民在政治生活和社会变革中的作用。他认为,“任何一个自由的人民,都可以用限制、减少和增加统治者权限的办法,来建立自己的自由,任何一个被奴役的人民,都可以努力恢复自己的自由”,“在一定条件下服从于国王的每一个人民,可以自由地拿起武器,迫使国王遵守这些条件”①。人民就可以用武力来反对统治者,迫使统治者遵守法律,保障人民的自由。

法国平等派领袖巴贝夫在肯定人民群众的地位与作用上更前进了一步。他认为,“人生下来的时候,没有一个人比他周围的任何人富些或穷些,贵些或贱些”,他们是“绝对平等的”。他说:“任何一桩伟大的无愧于人民的事情,只有通过人民才能办到,如果不是通过人民,那是永远不能实现的。”“如果不同全体人民一起,任何重大的事情都是办不成的……如果我们把群众动员起来,对群众进行宣传鼓动,向他们指出目标,我们所赢得的是不可估量的。”②这在相当程度上肯定了人民对历史发展的决定性作用,特别是肯定了劳动人民在社会变革中的

① [法]马布利著,何清新译:《马布利选集》,商务印书馆 2011 年版,第 133 页。

② [法]G. 韦耶德、C. 韦耶德德合编,梅溪译:《巴贝夫文选》,商务印书馆 1962 年版,第 86、61、62 页。

作用，并把未来社会发展的希望寄托在人民身上。

德国资产阶级政治思想家们虽没有足够的勇气在政治上反抗封建制度，但他们已经从思想上认识到人民群众力量的巨大，他们对人民群众和杰出人物的地位与作用的认识达到了那个时代的最高水平。

康德曾提出人是目的而不是工具的命题，康德政治思考的主题，就是要使人成为自觉能动的主体，把人民从外部自然力量、封建专制主义和宗教神学的桎梏中解放出来。他肯定了法国人民在革命斗争中的作用，认为人民在革命中牺牲，表现出人类种族趋向于理想的道德素质，标志着人类历史、道德的不断进步。他说："革命激起的真实的热情是专门指向理想，特别是指向纯道德的（如正义概念），不能与私利同行，金钱报酬便不能够使革命的反对者们能激起那种热情和那种心灵的伟大。"①

在黑格尔历史哲学里，世界历史进程就是文明进程，公意成为历史演进的逻辑②，其历史观基本停留于英雄史观，但对历史发展、对人民群众的某些观点已非常接近马克思主义。黑格尔在《世界历史哲学讲演录》中指出，"世界历史是一个理性的过程"，"世界历史展现了精神的自由意识的发展"，认为社会历史是人们的共同活动使合理性不断地变成现实性，他把人的活动看作是从精神的必然性到客观物质现实性的中项。他把参与共同活动的人们分为两类，一类是"世界历史个人"，即伟大人物，另一类是"进行再生产的个人"，即人民群众，体现世界理性的伟大人物，也就是历史的创造者和统治者。他把拿破仑看成是"世界精神"的体现者，但是，黑格尔又认为时势造英雄，伟大人物是时代的产儿，英雄离不开人民，英雄人物提出的主张，制定的政策，一定要得到千百万人民群众的"认可"，方能付诸实施，离开人民群众的"认可"或"顺从"，英雄的主张或政策也只能限于空想，英雄人物之所以能创造历史，是由于其按照历史必然性而行动，"之所以为伟大的人物，正因为他们主持了和完成了某种伟大的东西；不仅仅是一个单纯

① 转引自李泽厚：《批判哲学的批判：康德述评》，生活·读书·新知三联书店 2007 年版，第 16 页。

② ［德］黑格尔著，王造时译：《历史哲学》，上海书店出版社 2006 年版，第 15—17 页。

的幻想、一种单纯的意向,而是对症下药适应了时代需要的东西"①。这清楚地说明,英雄人物是适应了时代的需要,依据时代的条件去行动,是离不开"维持着""再生产着"社会生活所必需的一切条件的人民的。黑格尔以唯心的方式表达了伟大人物和人民群众的辩证关系,包含着合理的内核。总之,尽管"黑格尔的历史观又不过是关于精神和物质、上帝和世界相对立的基督教日耳曼教条的思辨表现"②,但毕竟比以往的思想家高出一筹,这大大地丰富和发展了关于杰出人物和人民群众作用的学说。

唯物主义者费尔巴哈在法国无神论的基础上,进一步揭示了人不是基督教的创世说或某种思辨哲学虚构的产物,而是自然界最高的生物。他批判宗教神学及其世俗基础,要求把神还原为人,"使人从神学家变为人学家,从爱神者变为爱人者,从彼世的候补者变为现世的研究者,从天上和地上的君主和贵族的宗教的和政治的奴仆,变为地上的自由和自觉的公民"③。汉密尔顿提出了"代议民主",承认"人民选择统治者"的权利,政府的正当性可以通过选举自己的"代表"来实现,承认"一些个人通过竞争人民选票来获得(公共)决策权的制度安排"④。林肯曾把民主的基本内容概括为"民有""民治""民享",深刻地揭示了主权在民的思想内涵。从他们的基本观点看,"人民"已被赋予主权者地位,虽然主张"人民"或"群众"要通过契约把权力让渡给社会的精英阶层,由他们行使统治权,但他们毕竟指出"人民"或"群众"应该具有与统治阶级平等的政治经济权利,在"主权论"和"契约论"的基础上,资产阶级思想家包括早期的空想社会主义者都提出了国王或官员都是在约定的"特殊任期"之内的人民"勤务员"的观点。总括而言,在西方近代进步思想家看来,政府与人民的关系就是通过宪法和法律来相互约定的一种特殊的契约关系,作为公仆,官吏自然不仅不能凌驾于人民之

---

① G. W. F. Hegel, *Lectures on the Philosophy of World History*, vol. 1, Oxford: Oxford University Press, 2011, pp. 79、118.

② 《马克思恩格斯文集》(第一卷),人民出版社 2009 年版,第 291 页。

③ [德]路德维希·费尔巴哈著,荣震华、李金山等译:《费尔巴哈哲学著作选集》(下卷),商务印书馆 1984 年版,第 325 页。

④ [美]约瑟夫·熊彼特著,吴良健译:《资本主义、社会主义与民主》,商务印书馆 1999 年版,第 395 页。

上,也不得享有超出履行职责所必需的待遇,人民对这些“佣人”或“仆役”的升降去留拥有最后决定权,能不能做公仆完全取决于他们希望为之服务的千百万人民群众中多数人的意愿。这些新的见解,丰富和发展了关于人民群众和杰出人物作用的学说,对于资产阶级和劳动人民反封建的斗争具有重大的意义。

综上所述,如何认识理解人民群众的历史地位和作用以及人民群众与杰出人物作用之间的关系,是人类政治思想史上的一个重大问题。西方近代政治思潮中关于人民群众地位与作用问题的研究往往是与“人”的问题研究交织在一起,而且大多是脱离具体的社会关系和历史条件来讨论的,一方面,在不少西方政治思想家的理论视野中,人类走出自然状态以来在以私有财产神圣不可侵犯和个人主义价值观为根基的政治文化中,资产阶级意识形态占据统治地位,群众常被当作维持社会运行不可或缺的力量及维护统治阶级统治的可利用工具,在他们眼中,群众的特征基本上都是消极的、负面的,他们表现出对群众的深度恐惧和不信任,要将群众约束于民主、法治的框架内,纳入精英指导的轨道,这样的群众观可以说是马克思主义产生之前的主流群众观,另一方面,毋庸置疑的是西方传统政治思想富有浓厚的人本主义传统,在法律上确立了抽象的人人平等,人的尊严、自由、创造性精神力量及人的批判性反思能力,往往成为其所思考的核心议题,其价值取向强调人在万物中的主体地位,把人作为万物之灵和万物的尺度进行礼赞,这些思想实际上又内含着对人民群众力量、地位与作用的积极正面肯定,在某种程度上意识到人民群众是参与历史发展的重要力量。此外,西方传统政治思想还倡导人格平等和相互尊重,强调个人的自由与尊严不受侵犯,个性不应受压抑,这些观点透漏出公平正义的诉求,体现了历史的进步性。资产阶级启蒙思想家强调人在社会结构中既参与社会历史创造,也都有资格和权利以适合人类本性的方式追求自己的幸福生活,享有独特的生命价值和尊严,强调在人与社会的关系上,主张个人可以选择政府,这既意味着对封建专制集权的否定和批判,也意味着人民主权取代君权神授的合法性,基本阐明了西方政治逻辑中政治国家的产生和个人自由权利之间的关系,体现出西方文化中浓厚的自由民主思想传统。总之,这些丰富的思想成果成为马克思主义群众观得以产生的重要思想材料,对我们正确认识和理解人民群众的历史地位和作用,牢固树立正确的人民群众观具有重要的启发和借鉴意义。

人类对自身历史的认识,经历了一个从“神”到“人”,再到用物质生产和社会关系去说明社会历史的、漫长的、曲折的发展进程。马克思、恩格斯站在新的起点上,站在巨人的肩膀上,把所有人类文化思想遗产与全人类解放事业有机结合起来,回到被压迫人民的立场上,他们追求的是有相对稳定性和具体历史性的东西,反对任何超历史、超阶段的东西,他们对数百年来的西方人文主义思想遗产采取了“扬弃”的态度,在别人看到负面的地方,马克思、恩格斯看到了正面的东西,最终确立了马克思主义人民群众观。他们科学地揭示和阐发了人类社会发展和运行的基本逻辑:人类社会是按照自身的客观规律发展的,但人类社会发展的客观规律又不像自然界的客观规律那样是盲目地、自发地发生作用,人类社会的发展,是通过人的有意识、有目的的实践活动来实现的。马克思主义者找到了以无产阶级为代表的最广大人民群众的这一强大的“物质武器”,认为人民群众作为人类社会活动的创造主体、价值主体和实践主体,是社会历史的创造者,在不断解放和发展生产力的基础上逐步实现人人参与、人人共享、人人受益,实现每个人自由而全面的发展,通过改变物质和世俗世界的不合理状况,实现“三个解放”,做“三个主人”。

人民群众在历史上的决定作用和杰出人物在历史上的作用是辩证统一的。一方面,杰出人物的作用总是以人民群众的作用为基础的,杰出人物在历史上的作用是包括在人民群众创造历史的过程之中,他们在历史上所起进步作用的大小,关键在于是否代表人民的利益和要求,是否得到人民群众的积极支持和拥护。杰出人物作为进步阶级的代表,是人民群众中的一分子,他们只有代表历史发展的要求,相信人民群众、依靠人民群众,才能对历史发展做出某种贡献。另一方面,在革命斗争中又必然会涌现大量的杰出人物,杰出人物集中代表人民群众的意志和愿望,提出先进的思想理论,组织领导群众进行社会变革,从而促进社会历史的发展。所以,杰出人物在历史上的伟大作用是与人民群众的作用分不开的,马克思主义者必须把群众作为积极的、可以依靠的社会力量,当成需要动员的主体力量,当成建设理想社会的积极力量。

总之,马克思主义有着深厚的西方政治文化背景和西方文化土壤。在马克思主义以前的思想家，由于狭小的生产规模限制了人们的眼界，都没有正确地说明杰出人物和人民群众的地位作用及相互关系问题，只有马克思主义者才真正地、彻底地、全面地解决了谁是历史创造者的问题。考察和探索人民群众在社会历史活动中的地位和作用，必须始终站在唯物主义的立场，从社会历史发展规律的高度，从社会实践主体的视角，才能得出“人民群众是社会历史的创造者”的结论，才能彻底结束唯心史观在人类思想领域的统治地位，从根本上解决为什么必须高度重视人民群众的作用问题。

四、中华传统核心价值观是滋养新时代人民群众观的重要源头活水

文化传统“是现存的过去，但它又与任何新事物一样，是现在的一部分”①。中华传统文化是民族发展和复兴的重要条件，为中华民族生生不息、发展壮大提供了丰厚滋养。特别是中华文化的核心价值观，即积淀在优秀政治文化中的民本思想和治国理政智慧，作为重要的思想文化资源，为发展当代中国马克思主义提供着源源不断的文化滋养，成为滋养新时代人民群众观的重要源头活水。

习近平总书记热爱中华传统文化，对传统文化的价值、能力和前途充满信心，他主张辩证地继承与发展中华文化中的核心价值观，充分吸取中华优秀传统文化的滋养，正如他于 2014 年 5 月 4 日与北京大学师生座谈中所说：“中华文明绵延数千年，有其独特的价值体系。中华优秀传统文化已经成为中华民族的基因，植根在中国人内心，潜移默化影响着中国人的思想方式和行为方式。今天，我们提倡和弘扬社会主义核心价值观，必须从中汲取丰富营养，否则就不会有生命力和影响力。”②习近平总书记在文艺工作座谈会上同样提及了中华优秀传统文化的重要性，他说：“中华优秀传统文化是中华民族的精神命脉，是涵养社会主义核心价值观的重要源泉，也是我们在世界文化激荡中站稳脚跟的坚实根基。增强文化自觉和文化自信，是坚定道路自信、理论自信、制度自信的题中应有之义。”③

---

① ［美］E. 希尔斯著，傅铿、吕乐译：《论传统》，上海人民出版社 1991 年版，第 16 页。

② 习近平：《青年要自觉践行社会主义核心价值观——在北京大学师生座谈会上的讲话》（2014 年 5 月 4 日），人民出版社 2014 年版，第 7 页。

③ 习近平：《在文艺工作座谈会上的讲话》（2014 年 10 月 15 日），人民出版社 2015 年版，第 25 页。

新时代人民群众观是在中国文化传统和时代精神的互动中形成的，它汲取了中华优秀传统文化思想的精华，继承弘扬了中华文化价值观。从大的方面看，"中华文化价值观似可归纳为：天人和谐、道法自然、居安思危、自强不息、厚德载物、诚实守信、以民为本、仁者爱人、尊师重道、和而不同、日新月异、天下大同"①。具体为讲仁爱、重民本、守诚信、崇正义、尚和合、求大同的价值观，为后世提出科学的人民群众观奠定了一定的文化心理基础。

新时代人民群众观汲取了民本、贵民思想。传统政治文化中不乏民本的观念，民本主义是儒家用以治国安邦的指导思想，民本思想包含一些合理成分，强调了民在国家治理和政治运行中的中心地位，是中华民族优秀的传统治理理念。《尚书》中有"天视自我民视，天听自我民听"，"皇祖有训，民可近不可下。民惟邦本，本固邦宁"，寓意百姓是国家的根本。《管子》中所说的"政之所兴在顺民心，政之所废在逆民心"，强调了民心在政治认同和国家治理中的重要性。而"民贵君轻"，"得民心者得天下，失民心者失天下"，"敬德保民"，"以民众为社稷之根本"，"君者，舟也；庶人者，水也；水则载舟，水则覆舟"，"天下为主，君为客"等思想，更进一步认识到民心在政治认同和国家治理中的重要性和重民、爱民、富民、教民的必要性，民本思想还体现在重现世、重生活、重人伦的基本生命态度，是一种具有浓重道德色彩的人本关怀，把人放在一定的伦理人际关系中来定位，注重人的修养，肯定个体的心性完善。这都和马克思主义"人民群众是创造社会物质财富的主体"的群众史观有相通之处。在民与政权的合法性问题上，孟子总结了尧、舜因得到人民拥护而得天下，桀、纣因失去民心而失去天下的历史经验，提出"得天下有道，得其民斯得天下矣"的道理，认识到统治者的权力来源于民意；荀子进一步阐述"君者，舟也庶人者，水也水则载舟，水则覆舟"，主张为民请命、争取权利、反抗暴政。"先天下之忧而忧，后天下之乐而乐"等也折射出这种执政理念和政治文化。虽然古代的民本思想没有也不可能在最终意义上确立"人"或"民"的主体地位，总体上没有跳出君主政治前提下的君民关系以及天道与人道的关系，但毕竟认识到民心不可违，民意不可辱。中国传统民本思想内涵

---

① 张岂之：《从民族复兴的高度看中华文化前景》，《北京日报》2013 年 11 月 11 日。

的重民、安民、利民、保民、惠民思想，表明统治者对民心在国家治理中的重要作用已有相当程度的认识，对人民利益在国家治理中的重要性也有较为深刻的认识，这些思想在中国长期的君主专制统治过程中还是发挥了积极影响，或多或少地淡化了实际政治可能发生的弊害，也为现代政治文化提供了养分。当然，民本主义思想家要求增进人民福祉，主观上是为了维护统治者的权力，而不是为了把统治权力授予普通人。当代人民群众观中所蕴含的民本思想承继着中华民族传统文化的思想原料，与中国传统重民思想是一脉相承的，比如习近平将司马迁《史记》中的“人视水见形，视民知治不”创造性地应用于党的群众路线教育活动，强调了要把人民的利益作为一切治理工作的出发点和落脚点。习近平在党的群众路线教育实践活动总结大会上的讲话中有“知屋漏者在宇下，知政失者在草野”之语，表明中国优秀传统文化中的民本思想对当代人民群众观产生了十分重要的影响，为新时代人民群众观提供了一定的文化心理基础，当然，民本思想在新时代人民群众观中已经结合国内实践进行了创造性转换，应重塑和批判性地继承与发扬。

新时代人民群众观弘扬了“中庸”“和谐”的传统文化精神。在中国哲学智慧里，“和”是一个核心观念思想，天、地、人是彼此独立又不可分割、相互联系的整体和系统，注重存在的关联性、整体性、过程性，各部分要素与整体系统间的圆融感通、有序运化，造就了生生不息的世间万象，而世间万物的感通互摄同样适用于人际人伦。因此，世间万物都是“相成”“相济”的，人与人之间也是可以相互感通、圆融互摄的。在天、地、人这个大的整体和系统中，组成其整体和系统的不同部分和要素，又各自构成自身的整体和系统。和合精神是中华民族人文精神核心理念和首要价值之一，是中华传统文化思想的精粹和生命智慧，天人合一世界观追求真善美的统一，包含浓厚的仁爱情怀，这样的世界观决定了古代政治文化具有重“群”、重整体、重“大同”的浓厚的人文色彩，注意突出人的群体价值，强调“单者易折，众则难摧”“众志成城”，体现的是中华民族万众一心、团结奋斗的进取精神，具有浓厚的人文色彩。新时代人民群众观在维护实现人民利益方面主张从我国特有的制度基础出发，尊重规律，创新方法，不断解决好“为了谁、依靠谁、我是谁”这个根本问题，在思路上比较明显受到中华民族崇尚人与自然、人与社会"和合存在"的价值观影响，秉承"包容""统一""共赢"的思维方式，坚持了天人合一、人与物的相融相通，身与心的相契相合的信念追求，遵循真诚为人、仁义做事、和美生活的存在之道。

新时代人民群众观继承了"天下为公"、官为公仆的思想。中国古代影响最大的政治理论之一就是"天下为公"理念，这是富有民主精神的思想资源，潜移默化于人们心中，成为长期影响人们政治行为的政治心理倾向。"天下为公"思想主张治天下以公，重视国家治理体系的构建，认为国家是由君主和臣民两者组成的统一整体，天下非一家一人私有，天下为天下人所公有或共有，主张制约公权力的私有化，这无疑是民主性精神。儒家仁爱观念中潜含着"不独亲其亲，不独子其子"的因素，内含着仁义担当的思想情怀、知行合一的价值旨趣。儒家主张"仁者爱人""仁者人也"，统治者要实行"仁政""听政于民"，主张为政以德、宽猛相济、礼治德教、尊贤使能等。施仁政、德政固然不是从人民大众的利益出发，固然将社会的等级差异视为天经地义，是以维护剥削阶级的统治为目的，最终是为了巩固统治者的统治地位，维护统治阶级的统治利益，但毕竟包含民有、民权、民生等内容。所有的这些思想力量凝聚成一股合力，以优秀传统文化的形式扎根于整个中华民族，成为凝聚中国力量的精神支撑。当然，需要结合国内实践，从我国特有的制度基础出发，进行创造性转换，重塑和批判性地继承发扬中华优秀传统文化。新时代人民群众观与本国历史和文化的联系是很明显的，所体现的哲学智慧与思维方式内含着中华民族经典性的文化密码。

综上所述，没有对人类文明成果的充分了解和把握，就很难看清自我的真实存在状况，新时代人民群众观是传统文明基因与现代精神的结合，有着深刻的中西文化思想渊源，具有无比深厚的历史底蕴，既处于传统与现代的结合点，又处于东方与西方的结合点，从中西文化土壤中汲取了丰富的思想营养，是对中西优秀人文思想的"超越式传承"，特别是对中国优秀传统文化中的以人为价值目标的人本主义思潮进行了批判性汲取，以致新时代人民群众观对人民群众的认知及对群众路线实践问题的解决既具有历史渊源又具有时代性。

第四章　新时代人民群众观形成的实践基础:坚持和发展中国特色社会主义事业的“接力”奋斗

“一切划时代的体系的真正的内容都是由于产生这些体系的那个时期的需要而形成起来的。”①“思想理论是顺应时代需要而产生的,是对时代特征的反映和对时代使命的概括。时代需要、时代特征和时代使命决定了思想理论的内容和形式。”②新时代人民群众观是在新的历史条件下产生的,是在人民群众新的期盼下产生的,是在新的宏伟愿景下产生的,是在新的宏大布局下产生的。

一、新时代人民群众观形成的实践基础

新时期人民群众观具有坚实的实践基础:在我国改革开放和社会主义现代化建设的实践过程中,在迎接时代挑战、回应时代主题的过程中,我们党积累了丰富的实践经验,形成和发展了当代中国马克思主义。中国特色社会主义是改革开放以来党的全部理论和实践的主题,中国通过改革开放开辟了现代化的全新路径。当前,我国最伟大的实践是坚持和发展中国特色社会主义的伟大事业。正处于全面建成小康社会的决胜阶段和中华民族走向伟大复兴的关键时期的当代中国,中国人民要发展、要创新、要美好生活,现代化建设和民族复兴成为党和国家长远发展的任务,党的全部实践都聚焦于这一总任务。党的十八大以来,我们紧紧抓住重要战略机遇期,在发展目的、方式、路径、着力点等方面进行了一系

---

① 《马克思恩格斯全集》(第三卷),人民出版社 1960 年版,第 544 页。

② 方世南:《从时代性视野深刻认识中国梦的理论价值和实践意义》,《中共云南省委党校学报》2014 年第 1 期。

列新实践、新探索、新创造，化解重大矛盾和风险，勇于实践、善于创新，在全球经济形势异常严峻复杂的背景下蹚出一条符合和彰显共产党执政规律、社会主义建设规律、人类社会发展规律的人类文明发展的新路，形成一整套社会主义治国理政的新思想、新理念和新战略，为人类社会开辟有别于西方文明发展之路的另一条蹊径。我们党团结带领全党全军全国各族人民同心同德向前迈进，迎来了从站起来到富起来再到强起立的伟大飞跃，伟大事业面临前所未有的光明前景。

新时代人民群众观是立足于中国特色社会主义伟大实践，与社会现实生活、与广大人民群众的社会实践以及与具体时代条件紧密联系，在实践创新基础上的理论创新。新时代进行具有新的历史特点的伟大斗争，坚持和发展中国特色社会主义事业的“接力”奋斗，成为新时代人民群众观形成的坚实的实践基础。新时代人民群众观是马克思主义和当代中国实践、时代特征相结合的产物。马克思、恩格斯说过：“一切划时代的体系的真正的内容都是由于产生这些体系的那个时期的需要而形成起来的。”①

问题是时代的声音，也是理论创新的动力。党所处时代的社会历史条件正在发生巨大变化，也面临许多突出的矛盾与问题，经济进入“新常态”、改革进入“攻坚期”，经济增速放缓，市场经济体制不健全，市场经济发展中出现新问题，全面深化改革面临新矛盾，生态文明建设面临新挑战，复杂多变的国内外形势倒逼我们必须聚焦和直面中国问题，以问题为中心，以问题为导，丰富党的群众路线实践内涵。

从广义上说，建党一百年、建国七十多年、改革开放四十多年，党的一切工作，治国理政的所有理论和实践，说到底都是围绕为人民谋幸福、为民族谋复兴、为世界做贡献展开的，都是要不断把为人民造福事业推向前进，都是党践行人民群众观的实践。今天我们不过是站在新的历史起点上继续推进这一事业，继续为人民谋幸福、为民族谋复兴，使我们的践行活动更具有时代性。新时代党紧密结合当代中国实际，准确把握世界发展大势，继续坚持中国特色社会主义道路，继续推进社会生产力、综合国力、人民生活水平实现新跨越。具体表现为当前统

---

① 《马克思恩格斯全集》（第三卷），人民出版社 1960 年版，第 544 页。

筹推进“五位一体”的总体布局,集中资源和力量办大事,经济建设、政治建设、文化建设、社会建设、生态文明建设取得新成就,协调推进“四个全面”战略布局,全面建成小康社会、全面深化改革、全面依法治国、全面从严治党迈出新步伐,踏上新征程。经济领域,推进供给侧结构性改革,用新的发展理念引领和推动经济发展,转换经济增长动能,调整产业结构,经济增长由要素驱动逐步转向创新驱动,推动经济社会持续健康发展,不断筑牢国家繁荣富强、人民幸福安康、社会和谐稳定的物质基础。政治领域,坚持党的领导,依法治国与人民当家作主有机统一,勇于自我革命,积极推进民主政治发展和民主政治制度建设,发展社会主义民主政治,集中整饬党风,严厉惩治腐败,净化党内政治生态,克服自身存在的“四种危险”,党内政治生活展现新气象,党性和人民性更加有机统一,党的命运与人民的命运更加紧密地联系在一起。文化领域,牢牢掌握文化领导权,推进文化强国建设的目标指向越来越清晰,积极培育和践行社会主义核心价值观,不断巩固马克思主义在意识形态领域的指导地位,建设社会主义文化强国,增强文化自信,巩固人民团结奋斗的共同思想基础,不断提升国家形象和中国精神的国际影响力和国家文化软实力,不断提升文化凝聚力、精神推动力和文化中国的世界传播力。社会领域,以人民为中心,在国家综合实力持续提高的基础上,持续改善和保障民生,创新社会治理,建成社会保障安全网。生态领域,把生态文明建设放在突出地位,大力推进生态文明建设,推动形成绿色发展方式和生活方式,努力建设美丽中国,并将之作为最普惠的民生福祉。上述所有这些,都饱含着新时代人民群众观的实践内容。

二、世情、国情与党情的新变化与新时代群众路线实践内涵的丰富发展

一般来说,社会历史条件是理论、思想形成的一般背景,也是理解思想论的重要切口。

新时代人民群众作为续写中国特色社会主义的精彩篇章之一,其与时俱进无疑是植根于历史环境、现实国情的,是立足于最新世情、国情和党情的。

(一)世情的新变化与群众路线实践内涵

新时代人民群众观必然要回应当下错综复杂的时代挑战和群众路线实践面临的新问题,解释与指导实践,首先离不开正确认识我们当今所处的时代。当前

我国面临的世情有如下几个方面。

世界正经历百年未有之大变局。尽管和平与发展仍然是时代主题,但地区冲突与动荡频发,西方国家发展速度放缓,全球经济增长乏力,发展的不稳定性、不确定性明显增强,全球治理体系、国际格局和国际体系正处于深刻变革和加速推进时期。世界经济受到新冠肺炎疫情的严重冲击,世界各国人民的生命安全和身体健康受到严重威胁,国际政治、安全、社会等领域正在发生全球性、时代性、革命性变化,这也成为推动百年大变局演变的催化剂。世界多极化、经济全球化、社会信息化、文化多样化加速发展,深入发展,国际力量对比正在发生近代以来最具革命性的变化,世界文明多样性更加彰显,新一轮科技革命和产业变革带来的激烈竞争前所未有。

世界科技进步日新月异,新一轮科技革命和产业变革蓄势待发,世界科技发展呈现出明显的"技术的时代特征"。立足于高科技的各个领域正呈现出群体性突破态势,物质生产方式实现伟大变革。科技是国之利器,各国在新一轮的科技革命中几乎都依据自己的科技实力重新定位自我在全球生产和消费体系中的位置,致力于发展道路的合理选择与经济治理体系的合理建构,都希望有更多机会参与全球治理,携手合作,谋求共赢。"人类命运共同体"突出了对人类共同利益和文明发展的尊崇。互联网深刻地改变着全球的信息传输与交往方式,也几乎改变着世界的一切,对人类生活的影响也最全面、最深刻,信息网络技术的运用在物质形式、技术形式层面,极大地改变了当代社会生产的技术范式。"互联网+"作为一种标志人类活动的新模式,使人与人之间的沟通更快捷、更方便、更多元,使得思想创新、制度创新和政策创新的机遇空间更为广阔。"互联网+"既带来了生产力的大幅提高,带来了物质财富的巨大增长,也为全球治理提供了全新的手段,提出了复杂的挑战。

全球性经济危机与社会危机叠加发生,各种矛盾错综复杂。同时,气候变化、非传统安全、国际金融体系改革等全球性问题日益困扰世界,各种思想文化相互激荡,中国面对着实加复杂多变的世界格局。

新的世情决定了党为人民服务的具体方式、贯彻群众路线实践的方式不同以往了,党的工作方式和工作方法等必然发生适应性变化,必须更加强化问题意识,突出问题导向,以科学的方式深刻把握人类社会发展规律,以应对错综复杂、瞬息万变的国内外环境。比如,新的世情要求我们从中国健康发展和世界合理化发展的高度,正确而全面地把握时代和时代发展的特征,对所处的历史时代做出科学的说明,为应对各种挑战提供思想引领和价值指导。新的世情也要求我们深刻认识人类文明发展规律、国际关系演进规律,以促进全球化朝着公正的、合理的方向发展。

(二)国情的新变化与群众路线实践的丰富发展

我国已进入全面建设小康社会和现代化建设的新阶段,中国特色社会主义“五位一体”建设成绩显著,党风政风为之一新,综合国力和国际影响力显著提高。这些均为人民群众观的进一步正本清源创造了必要条件。

改革开放后我国的现代化事业翻开了新篇章,社会主义建设取得了卓越成就,我国的经济实力、综合国力大幅提升,经济总量跃居世界第二位。人民生活明显改善,实现了从温饱不足到总体小康向全面小康的跨越。社会和谐稳定,党风政风焕然一新,人民团结,中国特色社会主义深入人心,中华民族从来没有像今天这样接近伟大复兴的目标。40 多年的改革开放,力度之大、范围之广,前所未有,这些都极大地改变了中国乃至世界历史的进程。中国人民的生活从整体上进入小康阶段,中国人民实现中国梦日益具备了良好的物质基础,中国人民享受着前所未有的经济、社会自由及权利的开放和保障。中国亿万人民的积极性、主动性和创造性被激发出来,全社会的向心力和凝聚力明显提高。创新、协调、绿色、开放、共享的发展理念日益深入人心,国家发展的思路、方向、着力点更加明晰。中国的发展前景以及中国对世界和平发展的影响力、贡献率与日俱增。

初级阶段的基本国情没变,但有了阶段性新特征。面对骄人的业绩,中国共产党人仍然清醒地认识到:中国毕竟是一个幅员辽阔、人口众多、经济社会发展水平整体不高的发展中大国,虽然我国作为人口大国,其工业化、现代化的规模是西方国家无法比拟的,虽然经济总量比较大,但平均指数比较低,人均 GDP 仍然落后,生产力发展在总体上依然处于中等水平,人均财富处于世界后列。发展质量不够好,经济大而不强的问题仍然比较突出,长期粗放式发展造成的生态恶化问题仍未有效解决。经济竞争力特别是企业竞争力还不强。发展水平与人民群众的期望有较大差距。

这充分说明我国由于人口多、底子薄,仍然处于社会主义初级阶段,中国仍处于并将长期处于社会主义初级阶段的基本国情没有变,人民日益增长的美好生活需要同发展不充分不平衡的矛盾这一社会主要矛盾没有变,中国是世界最大发展中国家的国际地位没有变。发展水平与人民群众的期望有较大差距,与中高收入国家相比有一定的差距,中国仍将长期面临西方国家在经济、科技、军事上占优势的压力,面临话语体系和舆论上“西强我弱”的现实格局。

中国经济过去40多年的高速增长,主要依赖于“有水快流”和“靠山吃山,靠水吃水”式地大量投入资源要素,长期依靠资源消耗驱动发展的粗放方式实现经济增长,其全部社会成本以及为此付出的资源环境代价是非常高的,发展进程中所积累起的矛盾和难题是大量的,国家发展面临的矛盾和问题是突出的,各种“成长的烦恼”,比如发展不平衡、不协调、不可持续问题,有效需求不足与结构性产能过剩的矛盾,制造业转型升级滞后且面临严峻的环境约束,特别是城乡差距、区域差距、贫富差距拉大等问题,就业压力、人口老龄化挑战巨大,经济安全、政治安全、文化安全、军事安全、网络安全等问题更加凸显,资源环境保护任务艰巨。

目前,中国社会诸多方面都出现了新情况,改革新常态、党风新常态、反腐新常态、法治新常态表明中国出现了一定的量变,乃至阶段性的质变。经过40多年的改革发展,三期叠加的阶段性特征更趋明显,我们进入了发展关键期、改革攻坚期,经济上多重困难和挑战相互交织:增长速度进入换挡期,结构调整面临阵痛期,前期刺激政策进入消化期。问题和困难,不是社会主义本身具有的,而是我们的政策还不完善,我们各地区各部门的实践发生的偏差造成的。这都是前进中的问题和困难,是完全能够克服和纠正的。

新常态下,我国经济发展表现出速度变化、结构优化、动力转换三大特点,中国经济以“中高速、优结构、新动力、多挑战”为主要特征,增长速度要从高速转向中高速,发展方式要从规模速度型转向质量效率型,经济结构调整要从增量扩能为主转向调整存量、做优增量并举,发展动力要从主要依靠资源和低成本劳动力等要素投入转向创新驱动。“我们的事业越前进、越发展,新情况、新问题就会越多,面临的风险和挑战就会越多,面对的不可预料的事情就会越多。"①随着社会主义市场经济体制的深化和对外交往的扩大,各种社会问题和矛盾叠加凸显,整个社会处于极度复杂、高度敏感的状态,许多问题相互交织、叠加。

现实的国情决定了党不能躺在已有的成果上裹足不前。党的主要任务是继续解决人民美好生活需要和发展不充分不平衡间的矛盾,解决发展不够、发展不好的问题,如果这一问题长期得不到有效解决,就会从根本上动摇人民群众对党的信任、信心,部分群众的不满心理和焦虑情绪就会蔓延。党的主要工作就是实现国家治理逐步从人治转向法治,全面挖掘改革的潜力,不断降低发展的制度成本,全面释放制度改革可能给老百姓的红利,化解过去粗放增长模式下所积累的矛盾和风险,寻找新的增长动力和增长模式。

(三)党情的新变化增加人民群众观实践的难度

在中国,要办成事关键在党,国家事业的成功推进需要党的正确领导,需要一个比较稳定和稳固的群众基础,需要人民群众的广泛支持和参与,需要更为有力的法治保障,而要做到这一点,党首先必须把自身建设好,真正实践好人民群众观,才能领导好中国特色社会主义伟大事业。党情的新变化把管党治党的紧迫性提到前所未有的新高度。进入21世纪以来,中国共产党面临的执政环境复杂多变,面临的执政考验长期、复杂、严峻,改革开放的考验、市场经济的考验、外部环境的考验,精神懈怠危险、能力不足危险、脱离群众危险、消极腐败危险已经尖锐地摆在全党面前,党目前面临四大考验、四大危险等弱化先进性、损害纯洁性的问题,现实状况还不足以担当这样的使命,必须全面从严治党才能实践好马克思主义人民群众观。

1. 党员精神上缺"钙"问题日益突出。思想是行动的先导,思想是"总开关""总闸门",坚定信仰是忠实践行的前提。习近平总书记有个形象的比喻:理想信念是共产党人精神上的"钙"。一些党员党性弱化、是非观念淡薄、原则性不强,精神上缺"钙",世界观、人生观、价值观这个"总开关"出问题了,共产党人的政

---

① 中共中央文献研究室编:《十八大以来重要文献选编》(上),中央文献出版社2014年版,第114—115页。

治本色受影响了,对人民的赤子之心难以保持了,从思想和感情深处真正为人民服务的愿望不强烈了,贯彻群众路线的实践也不自觉了。要战胜一切困难和风险,就要坚定理想信念,补足精神之“钙”,要把对马克思主义的信仰,对社会主义和共产主义的信念作为毕生追求,要确保做到共产主义信仰不改变,中国特色社会主义信念不动摇,就必须坚持不懈围绕理想信念这个根本深化科学理论武装,把理想信念建立在对科学理论的理性认同上,建立在对历史规律的正确认识上,建立在对基本国情的准确把握上,就必须结合形势任务变化进一步强化和重塑人们的理想信念,进一步激活人们对马克思主义科学性、真理性的信服,激活人们对科学世界观和方法论的掌握,有效推进党员精神世界和价值系统的建构工作。

共产党本质上应由具有共同信仰和奋斗目标的先锋战士自愿结合组成,作为政治组织,它与行政组织不同,它是“主义”的结合,其道路、理论体系、制度,都源于这个“主义”。先进性是马克思主义政党的生命所系、力量所在,离开先进性,马克思主义政党在理论上就会失去存在的理由,在实践上就会失去存在的基础。党的先进性首先是理论上的先进性,全面从严治党要以思想建设为先,从根本上保证党的理论和路线方针政策的先进性。党是否由先进理论武装起来,这是关乎党的生命的事情,是全面从严治党之基,是政治意识、大局意识、核心意识、看齐意识最终得以产生和保持的根基。

党的先进性最终要靠党员保持高尚精神追求、理想信念来体现,也需要发达的物质基础和强有力的技术支撑,要落实到每一个党员的先进性上,因为党员是党的肌体的细胞和党的行为主体。由于种种原因,一部分党员的先进性丧失了,尽管一些党员口头上也在喊人民群众是社会实践的主体,是创造历史的决定力量,但群众真正在他们心里所占的比重、分量到底有多大?从他们的实际作为是不难看出的,他们的实际作为和现实实践无不折射出他们真实的人民群众观,一个热衷于假、大、空的浮夸业绩的人,一个致力于大表演、大包装、大过场的人,他们的真实价值观不是已经得到解释了吗?他们的先进性、党性早已荡然无存。党员精神上缺“钙”还表现在一部分党员干部精神懈怠、能力不足、脱离群众和消极腐败,日益丢掉了密切联系人民群众的优良传统,形式主义、官僚主义、享乐主义和奢侈之风日益滋长,从而严重削弱了中共自身的凝聚力和公信力。所有这一切都在严重透支着党的公信力,使得党的群众路线实践遇到前所未有的挑战和困难。

2. 党的群众基础、社会基础出现了新情况、新问题。尽管我们党坚持党的群众路线的根本立场没有变,人民群众拥护党的领导的社会主流也没有变,但执政党基层组织和党员发挥功能作用的群众环境条件却发生很大的改变,不光是开展群众工作面临的时代和社会背景、内容和方式都发生了深刻变化,更主要的是党所面对的群众,是权利意识、民主意识与公民意识正在提升的群众,是主体独立、自主、平等、民主和参与意识不断增强的群众,人民主体力量增强。群众基础的变化无疑使党贯彻群众路线实践的难度进一步加大,使党所承担的领导任务更加繁重。

党的阶级基础、群众基础发生巨大变化,有历史必然性。政治、经济、社会文化变化,必然对党的社会基础产生重大的影响,中国特色社会主义经济制度、体制及运行方式等方面的创新,重构了我国的国家利益和人民群众利益,也重构了党群关系的社会基础。社会结构多样化使党政主导力量、市场力量和人民主体力量的整合难度加大,党整合社会利益关系、组织引导群众的难度增大。市场机制对人自身发展的影响是双重性的,它在把人从各种超经济的人身依附关系中解放出来、获得独立发展的同时,又使人的这种独立性深深陷入对物的依赖之中,对政党与民众的沟通方式产生巨大的影响。人的价值要通过商品、货币、物的价值表现出来,也极大地改变了人的精神价值、文化价值的存在与发展状态。市场作为配置资源的方式,会进入生产、分配、交换、消费的各个环节,影响和制约着人们之间的生产关系,并通过生产关系影响着社会政治生活、精神生活。作为市场主体的自然人和法人,对自身利益的满足和追求成为其从事各种活动的深层驱动力。“政治解放一方面把人变成市民社会的成员,变成利己的、独立的个人,另一方面把人变成公民,变成法人。”①人的自主性增强的一个必然结果,是不同个体之间的公共交往和公共需求的凸显,自主性的公共生活空间的扩大,政

① 《马克思恩格斯全集》(第一卷),人民出版社 1956 年版,第 443 页。

治的社会化与民主化进程的逐步加快。当然,也毋庸讳言,市场经济的等价交换原则也助长了利益至上、个人主义思想,市场经济的竞争性、逐利性也诱发了拜金主义、享乐主义、利己主义思想;市场经济的开放性也带来了自由放任、分散无序的现象,也带来了多元文化思想,加上发展不平衡、不协调、不可持续问题,特别是贫富差距拉大、民主法治滞后、公平正义缺失等问题日益突出,部分群众出现了不满心理和焦虑情绪。发展不够、发展不好的问题,如果长期得不到有效解决,就会从根本上动摇人民群众对党的信任、信心。这些都使党对干部群众的思想教育受到消解、分化,使党群关系的基础有所弱化。

3. 党的基层组织出现了功能性障碍。"功能"一词的基本规定性是指某种结果或效能,与作用、功用、能力等概念的意义比较接近。英文中的功能(function)概念解释为功能主体在进行某项活动或采取某种行动过程中所发挥的作用或履行的职责。功能的含义可归纳为功能主体运行后或发挥作用后所产生的结果——"作用""效用"。这种"功能"的概念,在许多场合下与"作用""效用"的含义基本上是一致的。无产阶级政党既以观念形态存在,更以组织的形式存在,党内关系既是信念关系更是组织关系。政党功能是指它的存在与活动对人的需求和发展所起的作用、影响或能力①,也指政党作为具有一定结构的系统整体,在围绕自己的奋斗目标与环境相互作用时,党的组织、制度和活动方式等所具有的适应环境、改造环境,维持自身生存和发展的积极属性。功能的健全与否决定着党科学执政、民主执政、依法执政的水平,也决定着党能否实施正确的和有效的领导,能否掌握和运用共产党执政规律,能否创新群众工作体制机制和方式方

---

① 本书根据现代最权威的出版物对"政党"的经典解释来使用政党概念。《现代汉语词典》解释为:政党是代表某个阶级、阶层或集团并为实现其利益而进行斗争的政治组织。《辞海》解释为:政党是代表某一阶级、阶层或集团并为维护其利益、实现其政治主张而共同行动的政治组织。政党之间的相互关系是近代各国政治发展和政治斗争的最集中的表现。《不列颠百科全书》解释为:政党(political party)是由一群人组成的团体,他们通过选举或革命取得政权并行使政权。《韦氏大词典》解释政党为:一群人以指导政府政策为目的而组成的团体。英国政治家柏克(E. burke)对政党下了这样的定义:"政党乃为基于大家所一致同意的某种特定主义,以共同奋斗来促进国家利益而结合的团体。"共产党是指以马克思主义为指导思想,代表劳动人民利益的工人阶级政党。包括从马克思和恩格斯于 1847 年在英国伦敦建立的"共产主义者同盟",到 1869 年 8 月第一个在民族国家范围内建立德国无产阶级的社会民主工党,再到列宁领导的世界上第一个执政的无产阶级政党,以及中国共产党。

法,能否代表最广大人民的根本利益,这是一个值得认真考虑和努力解决的问题。党的基层组织功能目前仍然存在着一些与党的先进性要求不适应、不符合的突出问题。

党的基层组织功能的自我调适滞后于复杂多变的政治生态环境,导致组织资源流失和变质。党组织主要依靠党的正确政策,党组织的凝聚力、战斗力和党员的先锋模范作用,以及由此而来的党的公信力来实现领导。部分离不开整体。一个子系统的功能发挥直接影响到与之联系在一起的其他子系统功能的发挥,只要有一个子系统功能不佳或不配合,出了问题,就会制约整个系统群的功能发挥,会直接影响到全部子系统分部功能的整合效应,这是由于系统内部各子系统是有机联系在一起的,其分部功能是相互制约的。党组织的规模和形态以及管理方式是由它的功能决定的,组织是功能的必要载体,而其功能的有效发挥则是组织存在的前提与基础,组织的变革必须围绕功能进行。

打铁还需自身硬,实现党的领导,前提是要不断解决自身存在的突出矛盾和问题,始终保障党组织的功能是健全的。尤其是党的基层组织必须在社会结构中科学、准确的定位,增强和赋予某些必要的功能,在重新定位功能中谋求发展。当今比以往更需要加强和改善党组织的功能,更需要开发和完善党同人民保持血肉联系的功能。党组织的各种功能都需要顺应时代发展潮流和社会发展进步要求进行调适,调强调优整合、协调社会各方面的利益关系,维护社会公平正义和良性社会秩序的功能,党组织模式、运行结构、领导体制和工作机制必须能够应对和适应许多前所未有的新情况、新问题,能够经得住执政考验、改革开放考验、市场经济考验、外部环境考验,能够应对长期的、复杂的、严峻的考验和挑战。

党情方面的深刻变化,执政能力和领导水平的强弱,是与党的历史方位的根本转变有机联系的,是与社会主义初级阶段这个最大国情和最大实际有机联系的,与党治国理政面临的重大现实问题紧密联系的。当前,国际形势复杂多变、改革发展稳定任务艰巨繁重,“三大历史任务”尚未完成,推进现代化建设、完成祖国统一、维护世界和平与促进共同发展的历史重任依然,党面临“四大考验”“四大危险”在错误思想和利益诱惑面前的免疫力有所下降。

一是进入新时代,党的任务发生了变化,社会主义现代化新征程开启,着力解决发展不平衡、不充分的问题。

二是党实现人民利益的途径和方式发生了变化。党所处的历史方位和执政条件、党员队伍结构都发生了重大变化，消极腐败现象、违纪违法案件时有发生，考验和危险尖锐地摆在面前，党员的群众观念和群众感情，联系群众的途径方法，与过去相比有了很大的不同。作为革命党，来自人民、植根人民，具有为人民谋利益的高度认同和行动自觉，具有战胜任何艰难险阻的勇气、智慧和力量，其群众组织力、社会号召力主要靠党员的表率和影响作用，靠科学理论的强大力量，党以不可辩驳的事实彰显为人民谋利益的要求，始终相信人民，紧紧依靠人民。作为执政党，通过领导广大人民群众发展社会经济的办法来实现人民的富裕幸福，保持经济健康发展和社会大局稳定。而要发展经济，必须建立保障社会经济健康发展的秩序，有章可循、有据可依，就必须具有管理社会经济和管理各项社会事业的能力。

三是党和广大人民群众的关系发生了变化。作为革命党，致力于领导人民颠覆旧秩序、推翻旧政权，要与人民共同面对旧政权的代理人、维护者。作为执政党，党组织和广大干部成为新秩序的维护者和管理者，必然致力于领导人民建立新秩序、维护新政权，尽管我们所建立的政权是人民当家作主的政权，我们维持的秩序是要实现人民利益的秩序，和旧制度的旧秩序有着根本的不同，但管理和被管理、领导和被领导这样一个在任何情况下都存在的关系是不可避免的，党和人民群众思想共识凝聚的难度加大。特别是在社会发展到一定阶段，人民群众追求美好生活的愿望十分强烈，当国家治理的能力和水平还不足以从更高的站位谋划改革，还不能完全适应经济社会发展的要求与广大人民群众的需要，应对各种风险考验不能达到理想状态时，管理和被管理、领导和被领导之间的矛盾就会以各种形式表现出来，党的政治领导力、群众组织力、社会号召力就有可能减弱。

党领导下的中国特色社会主义伟大实践，是在马克思主义指导下推进的，具有无限的创新创造潜能，也必将推动马克思主义的理论发展。这些都需要党真正从人民群众的利益出发，保持经济运行在合理区间，快速培育发展新动能，尽快转向高质量发展阶段，解决好人民群众反映的问题，创造出经得起实践、人民、历史检验的辉煌业绩，回应人民群众的呼声和期待，实现最大多数人的最大幸福,增强人民群众的获得感、幸福感、安全感,这是沟通国家上下、激发社会活力的关键。需要当代共产党人顺应历史发展的潮流,顺应时代发展的方向,引领国家和民族不断前进,以更大的政治勇气和理论智慧来推进马克思主义基本原理同当代中国实际和时代特征相结合。从党的群众工作任务来看,困难不容低估,信心不可动摇,群众工作的制度化水平需要不断提升,群众工作的常态化机制需要建立健全,只有如此才能经受新形势下我们党面临的“四大考验”和“四种危险”。

综上所述,鉴于世情、国情和党情的最新变化和更为严峻的执政环境和条件,中国共产党清醒认识世情、国情、党情的变和不变,更加注重发展和治理的系统性、整体性、协同性,强调加强党的建设必须突出党要管党、从严治党,明确了管党治党的重要性和紧迫性、管党治党的首要责任主体、管党治党的全面性要求,这就从根本上反映体现鲜明的时代特征和时代精神,进一步实现马克思主义人民群众观的中国化、时代化,坚持了以人民为中心的发展思想。

三、实践新时代人民群众观的态度和方法更加科学有效

实践新时代人民群众观需要更加科学的态度和方法。人的行动要想达到自己的预期目的,科学的态度和方法是关键。科学性与价值性的统一本身具有无限增量空间,社会主义的本质规定包括:一是要更好更快地发展生产力,要通过发展社会主义经济,在发展的基础上满足人民的物质文化需要,保障民生,最终实现共同富裕。列宁曾说,社会主义要“使所有劳动者过最美好、最幸福的生活”,保障绝大多数劳动者在国家、社会和经济生活中的主人翁地位和各项权利将更加充分地体现出来。离开这一科学的态度和方法,奢谈贯彻群众路线、为人民服务是很不靠谱的,无异于无源之水、无本之木。有鉴于此,我们必须通过一系列治国理政的具体实践,推动中国特色社会主义道路、理论、制度、文化不断发展,进一步激发执政党、国家与社会的生机活力,续写中国特色社会主义这篇大文章,夺取中国特色社会主义的新胜利,开辟中国特色社会主义事业发展的新局面,推进社会主义现代化和中华民族伟大复兴。

当前为人民谋幸福必须在方法和态度上传承社会主义的科学基因,不仅是要解决“愿不愿”的政治立场问题,即不仅仅是能否站在人民大众立场上的问题,不仅仅是能否胸怀全心全意为人民服务的共产党人精神追求的问题,更要解决

为人民谋幸福的关键问题,即"会不会"问题。为人民服务,必须始终高擎科学理论的光辉旗帜,始终保持指导思想的先进性,必须具备更加适应实践、时代、人民要求的执政本领,必须有足够强的领导能力和执政能力,关键是要解决"会不会"的问题,即解决我们实际行动的合理性、合法性、合目的性问题。这是永葆党的先进性和纯洁性的根本前提,因为要有效为人民谋幸福,必须借助科学理性(凭什么、拿什么),是以必须掌握关于人类社会的发展规律及其历史趋势,能够明确正确的目标任务,能够找到科学方向和路径为前提的。

为人民谋幸福,必然要求达到目的和手段的辩证统一,怎样才能达到这一要求呢?就是要学习和掌握辩证唯物主义和历史唯物主义的世界观和方法论,认识和把握全人类共同的文明成果。只有真正掌握和实践历史唯物主义和党的实事求是的思想路线,真正掌握和实践群众观点、群众路线,才能制定出符合客观规律的重大战略和重要政策措施,才能做到尽力而为又量力而行地推动经济社会的发展。中国共产党作为执政党,以服务于人民为天职,把"为人民服务"作为党的宗旨和独特的价值目标,对社会公共事务和国家事务的管理,从本质上说就是服务,这个绝对是正确的。核心问题是,如何让我们的思想认识更符合客观实际,更有效地履行为人民服务的职责。党执政的科学性,不仅在于它对自己价值目标的确认和承诺,还在于它能够揭示自己价值目标的实现条件,能拿出为民、惠民的科学政策设计,能实现科学发展理念与发展模式的有机结合,这涉及党的功能定位和思想路线问题。实事求是的思想路线在十一届三中全会重新确立以后,基本内涵也在不断丰富和发展。执政党功能的发展趋向主要是实现对国家活动的政治领导、思想领导和组织领导,党组织需要从传统的管理性和动员性的党的组织,向服务性、维权性、代表性和整合性的组织转换。

为人民谋幸福有原则、有方向、有定力,必须选择好道路。道路问题是关系党为人民服务事业质量高低的第一位的问题,真正为人民谋幸福,要自觉地根据生产力的发展水平和实际经济条件,选择最有效率、最能促进一切创造性活动的经济制度及其实现形式。马克思主义认为,实现社会主义目标的基本途径是创造实现社会主义规定性的经济条件,即生产力的高度发展和社会财富源泉的充分涌流,特别是依靠发展生产力,创造实现其社会主义规定性的物质基础。根据马克思主义的科学世界观和方法论,当代为人民服务的实践就是围绕科学发展这个主题和加快转变经济发展方式这条主线,为实现“两个一百年”奋斗目标和中华民族伟大复兴的中国梦而奋斗的实践,要把践行中国特色社会主义共同理想和坚定共产主义远大理想统一起来,把社会主义与市场经济有机结合起来,创造性地开辟自己的道路,在社会主义市场经济体制下充分释放市场活力和社会创造力,推动党和国家事业不断取得新的发展。

真正为人民谋幸福的实践是坚持马克思主义科学实践观的实践。要求立足党和国家事业发展大局谋发展,科学把握当代社会发展的阶段性特征,做那些现实条件下可以做到的事情,通过实践的深化和突破,把人的活动从现实引向未来。当前中国,正处于全面建设社会主义现代化国家阶段,需要从政治上认识与解决许多前所未有的新问题,破除形式主义、官僚主义。真正为人民谋幸福的实践,包含坚决抵制抛弃社会主义的各种错误主张,纠正超越阶段的错误观念和政策措施,以人民容易接受的方式,推动经济持续健康发展,建立健全保障人民群众各方面权益的制度,比如保障生存权和发展权的有机统一,有效保障劳动者参与发展、分享发展成果的权利的制度,健全促进社会公平正义,保障人民活得更有尊严、更体面的各种制度。

真正为人民谋幸福,就必须顺应人民要发展、要合作、要和平的时代潮流,结合当前社会主要矛盾的转化,积极求变,主动应变,科学作为,必须真正做到既不妄自菲薄也不妄自尊大,既要坚持好四项基本原则,又要坚持好改革开放,始终朝着开放、包容、普惠、平衡、共赢的方向,扎扎实实地推进经济社会发展,协调推进“四个全面”战略布局,统筹推进“五位一体”总体布局,引领经济发展新常态,开辟经济发展新境界,在经济建设、政治建设、文化建设、社会建设、生态文明建设以及党的建设方面切实迈出新步伐,取得新成效,在不断解放和发展社会生产力的基础上,逐步实现全体人民共同富裕,促进人的全面发展。

科学社会主义之所以“科学”,最根本的一条就是坚持辩证唯物主义和历史唯物主义的方法论,承认有客观规律的存在。社会主义要免于坠入空想,就必须以科学理性为基础,就要求实践者必须严格遵循历史发展的基本规律,遵循执政规律,能够有效地、创造性地、经常性地解决实践中遇到的重大理论和实践问题,即既要坚持科学社会主义的基本原则，又要根据本国实际和时代特征赋予的鲜明的实践特色和时代特色，不断开辟实践与理论的新境界。

真正为人民谋幸福，就必须从实践上坚持中国特色社会主义是亿万人民自己的事业，必须坚持人民主体地位，发挥人民主人翁精神，更好地保证人民当家作主。要始终把解放和发展社会生产力作为中国特色社会主义的根本任务，把改革开放作为坚持和发展中国特色社会主义的必由之路，始终把改革创新精神贯彻到治国理政的各个环节，不断推进我国社会主义制度的自我完善和发展，必须将公平正义作为中国特色社会主义的内在要求，在全体人民共同奋斗、经济社会发展的基础上实现公平正义，加紧建设对保障社会公平正义具有重大作用的制度，逐步建立社会公平保障体系。必须把共同富裕作为中国特色社会主义的根本原则，使发展成果更多、更公平地惠及全体人民，使社会朝着共同富裕方向稳步前进。必须团结一切可以团结的力量，增强社会创造活力，确保人民安居乐业、社会安定有序、国家长治久安。必须将和平发展作为中国特色社会主义的主题，坚持开放的发展、合作的发展、共赢的发展，推动持久和平、共同繁荣。必须坚持中国共产党是中国特色社会主义事业的领导核心，必须加强和改善党的领导，充分发挥党总揽全局、协调各方的领导核心作用。

新时代人民群众观的真理性在自身的不断丰富和完善中得以体现和证明，在解决我国经济社会发展存在的突出问题中得到理论提升。一代领导人有一代领导人要解决的时代课题，一个时期有一个时期要完成的时代使命。尽管任何人履行人民赋予的职责、担当时代赋予的历史使命时都会受特定时代条件的局限，但这并不妨碍其在科学基础上考察历史运动的始因或者基因，正确认识和处理历史发展的客观决定性力量与人的主观能动性的关系问题，始终关注人类命运，为实现人类解放做出时代条件所允许的贡献。换句话说，无论时代条件如何变幻，只要你的认识与行动在某种程度上能让人的潜能及创造力得到充分完善的发挥，让一切劳动、知识、技术、管理和资本的活力竞相迸发，让一切创造社会财富的源泉充分涌流，你的作为就是正能量，你就是做了正确的事，或正确地做了事。

所谓做正确的事，就是做合规律与合目的的事情，做对人有益的事。一个执政党如何正确解决时代课题,正确地做事?在当代中国,就是要充分发挥中国制度的显著优势和无穷力量,更加依靠完善的法律制度来保障党和国家事业始终沿着正确的方向前进。要更多地创制出能够切实保障人民享有更多民主权利的制度体系,降低发展的制度成本,进一步提高发展的制度效率,把中国制度的显著优势更加充分地发挥出来。既要保持社会主义制度和国家治理体系的稳定性和延续性,又要以必要的自觉、自省,让社会主义制度更加系统完备、科学规范、运行有效,让制度的威力和效力充分释放。必须持续建构推动中国发展进步的好制度,增加和扩大我们制度的优势和特点,有效应对重大挑战、抵御重大风险、克服重大阻力、解决重大矛盾。必须坚持社会主义市场经济改革方向,进一步深化改革和扩大开放,不断完善以公有制为主体、多种所有制经济共同发展的基本经济制度和相关的分配制度,解决中国特色社会主义经济制度的成熟、定型问题,真正解决经济活动中的公平、公正和效率问题。要利用好市场经济和市场机制,解放和发展社会生产力,真正实现国家、市场、社会和个人等多元主体的共治局面,通过制度创新和治理体系完善的方式,让人民在波澜壮阔的“共建”中各安其位、各尽所能,在推进中国特色社会主义、实现中华民族伟大复兴的伟大事业中充分发挥作用,让人们生活得比过去更好,能更有条件去实现人的全面自由发展。

党的十八大以来,以习近平同志为核心的党中央统筹考虑经济、政治、文化和社会等因素,带领全国人民为实现“两个一百年”的目标和中华民族伟大复兴的中国梦而奋力开拓,党和国家事业的战略方向、重点领域、主攻目标更加清晰,内在逻辑更加严密,国家治理模式进一步反映了社会主义社会的经济关系,体现了人民当家作主的本质要求。

真正为人民谋幸福,执政党就必须重回“原点”——相信依靠群众,与人民群众共命运。中国特色社会主义的事业是人民群众的事业,是人民群众参加的、为人民群众谋利益的事业。习近平总书记明确指出:社会主义在中国“具有深厚的历史渊源和广泛的现实基础”。“改革是大家的主意,人民的要求。”只有人民群众才是承担和推进建设中国特色社会主义事业的主力军,只有亿万人民群众广泛参与、积极投身这一事业,才能推动它的发展,保证它的成功。与此同时,也只有人民群众的主人翁地位和基本权益得到有效的维护与实现，人民群众有了实实在在的获得感，人民群众的积极性、创造性得到充分的尊重和发挥，才能激发他们投身于建设中国特色社会主义伟大事业的巨大热情。

人们的实践能力及其所达到的结果，取决于他们所处的社会历史条件，归根到底取决于生产力水平及其社会形式。当前，实践新时代人民群众观的一个重要的任务，就是坚决破除体制机制障碍，建立正向激励机制，把人的积极性、主动性和创造性充分解放出来，使现实的人成为生产力发展和社会发展的主体。制度的本质是解决激励问题，社会主义事业能否健康发展，很大程度上取决于各类经济主体能否奋发作为、资源能否有效配置、收益能否合理分配，能否有效调动和发挥人民群众建设社会主义现代化国家、追求幸福美好生活的积极性、主动性、创造性。我们究竟应选择什么样的道德观以集中民力和民智？能否最大限度地调动人民群众的实践积极性，能否有效激发一切有利于推动经济社会发展进步的活力，能否实现这一点，又在相当程度上取决于更合理、更公正、更符合历史进步要求的实践激励机制的选择，因为，实践激励机制的选择实质上是人民利益实现道路和方式的选择。

一是必须始终坚持唯物史观，从现实社会中寻找践行人民群众观的内在动力，通过体制创新激发人民群众的智慧和力量。关于实现社会主义理想的动力机制，经典作家提出了社会发展合力论，认为社会发展的终极动因是经济因素，科学地揭示了社会发展的内驱力。人类行为自觉或不自觉地、全部地或主要地为经济动机所驱使，恩格斯说："追求幸福的欲望只有极微小的一部分可以靠观念上的权利来满足，绝大部分却要靠物质的手段来实现。"①"一切社会变迁和政治变革的终极原因……应当到生产方式和交换方式的变更中去寻找……应当到有关时代的经济中去寻找。"②列宁曾说："历史上有过各种各样的变化；依靠信念、忠诚和其他优秀的精神品质，这在政治上是完全不严肃的。具有优秀精神品质的是少数人，而决定历史结局的却是广大群众，如果这些少数人不中群众的

---

① 《马克思恩格斯选集》（第四卷），人民出版社 1995 年版，第 239 页。
② 《马克格恩格斯选集》（第三卷），人民出版社 1995 年版，第 741 页。

意,群众有时就会对他们不太客气。”①历史不过是追求自己目的的人的活动而已,人民群众在追求自己目的的过程中实现对自身的肯定和确证。人的活动有内在动因和外在动因,人的活动的内在动因是人的需要和利益,这是驱使人从事生产劳动的最初动因。人的需要和利益要通过对物质财富的占有和享受来实现,人的利益和需要是推动社会生产力不断发展的内在驱动力。所谓“人们奋斗所争取的一切,都同他们的利益有关”,指的就是这一点。实践社会主义理想的内部动力源,只能从社会自身中去寻找,不能通过片面地、抽象地抬高人的精神生活水平来解决动力源问题。生产力和生产关系的矛盾、经济基础和上层建筑的矛盾,是人类社会内部的基本矛盾。当今时代处于“以物的依赖性为基础的人的独立性”的社会主义初级阶段,社会主义基本制度对生产力发展具有适应性,但具体体制对生产力发展又有不适应性,需要通过体制改革的办法来解决社会基本矛盾,为社会主义社会的发展寻找直接动力。

选择什么样的具体制度,不能凭主观的良好愿望进行臆想,而是坚持认为所有制是历史运动的客观结果,人们不可随意选择。因此,经济体制问题是一个需要重新认识和重点解决的问题,它需要不断根据生产力发展的最新要求去变革。经济体制作为生产关系(经济基础)的具体表现形式,是人们利益关系的制度化形态,也是人们赖以从事经济社会活动的重要基础条件,在相当意义上决定人的劳动效率的高低。当它适合生产力发展要求时,它的作用是正向的,不适合生产力要求时,作用就是负向的,这就决定了体制变革的目标取向应该是建立一种能充分发挥人民群众的积极性、创造性,能促进生产力快速发展,符合生产力发展要求的经济机制,也就是要逐步形成一套能充分调动一切积极因素和能正确处理各种利益关系的,能为各种积极因素的充分发挥提供强有力的、完备的、成熟的体制。改革开放 40 多年来运行的社会主义市场经济体制,在激发个人创造力和有效配置资源方面发挥了巨大作用,从制度上整合了人们的发展活力,极大地调动了人们劳动的积极性、主动性和创造性,但现行体制仍有不完善的地方,还需要从保障和维护人民权益入手,从体现人民群众的主人翁地位入手,在充分信

---

① 《列宁选集》(第四卷),人民出版社 1995 年版,第 679 页。

任、依靠人民群众智慧和力量的基础上,不断推进经济体制创新,构建新的实践激励机制,从根本上解决调动人民群众发展积极性的问题。假如我们选择的经济机制是一种既体现高效率又体现公正公平精神的机制,这不仅能激发人们追求合理利益的动力,实现社会资源的有效、公正分配,而且能确实防止贫富两极分化,能保证利益调整和重组时期各社会主体的基本利益,能确保人人都有追求正当物质利益的权利,能让人民群众不断获得切实经济、政治、文化利益的体制,人民群众的积极性就能得到充分发挥,就会迸发出推动政治进步与社会发展的巨大力量。

二是实践激励机制的选择必须与人民群众的思想道德发展状况相适应。实践激励机制的选择必须立足于人民群众的实践基础,要与人民群众的思想道德发展状况相适应,必须有最深厚的道德基础。我们的实践激励机制,不仅要符合先进生产力的发展要求,也要契合最广大人民的思想道德发展状况。人民的道德原则和道德要求是从人民的利益中引申出来的,我们选择激励机制不能离人们的思想水准、认知水平、道德状况和生活条件太远,落后或超前于经济基础的实践激励机制只能对实践造成阻碍。在我国目前的经济和生活水平状况下,劳动仍是谋生的必要手段,物质需要仍是人们的第一需要,是人们从事一切社会活动的基本动因和行为之源,仍然是人的积极性产生的基础和原动力所在,物质激励仍然是最基本也是最有效的激励手段。正如列宁指出的:"国家不仅要进行说服教育,而且要用较好的生活条件来奖励优秀的工作人员。"①必须从发展激励机制体制上保障和承认人们合理的物质利益追求,尊重人们对物质利益的追求。关于这一点,毛泽东在革命战争年代也认识到,人们对物质利益的追求及其满足是社会发展的原动力,强调不断满足广大人民群众日益增长的物质和文化需要是社会运行的内在动力源。他认为:"一切空话都是无用的,必须给人民以看得见的物质福利。"②就是说,发展激励机制的选择必须建立在承认人们追求物质和精神利益的正当性与合理性的基点上。

---

① 《列宁全集》(第四十卷),人民出版社1986年版,第149页。

② 中共中央文献研究室编:《十三大以来重要文献选编》(中),人民出版社1991年版,第1085页。

激励的主客体都是人，都是具体的、历史的、有物质与精神需求的现实个人，甚至是重视世俗生活享受、追求物质生活的个人，究竟是侧重物质激励，还是侧重精神激励，要根据实际情况来确定。当然，实践激励机制是个系统，既需要强大的物质力量，也需要强大的精神力量，即包括物质动力和精神动力的系统，单纯的物质激励或精神激励都是不够的，物质激励不能代替一切，过分夸大物质利益的作用，会使人们成为物质利益的奴隶，会使社会发展偏离正确的方向，有可能导致人民群众精神追求虚化和集体观念弱化，其激励作用最终也会日趋衰减。精神需要、精神利益同样也是社会发展的重要动力源，比如，我们如能把社会主义社会的核心价值理念和发展目标真正内化为人民群众的价值取向和人生目标，其较物质激励可能更能持久地激发人民群众的发展积极性。同样，精神激励也不能代替一切，单靠精神激励也不能从根本上解决人民群众的积极性问题，比如，忽视物质利益作用，只注重理性、情感、意志等精神因素对社会发展的动力作用，甚至靠空想激发群众的积极性也是不行的，更难以长久保持。教育科学文化建设可以为社会主义发展提供精神激励，但必须运用得当，作用才能显现，所以，必须努力探索两种激励机制，即物质利益激励机制与精神激励机制有机兼容互补的新思路、新办法，有的放矢地创新发展激励机制。这种新的激励机制应当是以人为本的，是尊重人、理解人、关心人、爱护人的，是兼顾人民群众的物质需求满足和精神需求满足的，只有这样，才足以为新时代人民群众观的践行提供强有力的制度保证。

总之，在实践激励机制的选择上必须坚持人民的主体性和人民利益至上，形成集法律、制度、政策于一体的完善的激励体系，以最大限度地激发各发展主体的活力为取向，以能否大力发展生产力、满足人民日益增长的美好生活需要为判断标准。以生产力为标准来衡量发展激励机制的适应性，并始终把这一价值取向具体化为党的路线、方针、政策和行动，贯彻落实在各个领域，尽快建立健全正确协调中央与地方、集体与个人利益的实践激励机制，是现实需要。

第五章　新时代人民群众观发挥实践指导作用的四重路径

思想是行动的先导,思想认识问题的解决是现实问题解决的前提条件。目前在思想上达到的最大共识,就是坚持实事求是、解放思想、与时俱进这一马克思主义的精髓和灵魂,把目的性建立在规律性的基础之上,这是我们为人民谋福祉的思想基础。新时代人民群众观无疑贯穿着这一灵魂和精髓,具备实事求是的理论基础、思想基础,体现了鲜明的时代性和创新性。新时代人民群众观特别尊重和遵循马克思主义的科学实践观。马克思创立的科学的实践观是:(1)人类社会存在的基础和发展的动力是以物质生活资料的生产为根本的实践活动。社会发展规律的"秘密"只能到实践中去探求,而不应当与此相反。(2)人类社会的一切"问题"都是在实践中发生的,解决这些问题也只能通过"变革的实践",而不能停留于"解释世界"。(3)认识是否具有真理性,只有实践才能检验,离开实践的争论是"纯粹经院哲学的问题"①。人的本质是主观见之于客观的实践活动,马克思主义的科学实践观是从先验思维方式向实践思维方式的转换,始终不渝地践行马克思主义的实践观,必须在尊重客观规律的基础上发挥主观能动性,按科学的态度和规则来推进发展,不能做超越阶段的事情,必须坚持和贯彻实事求是的思想路线,深入反思人的主体性的发挥方式,根据现有条件,把能做的事情尽量做起来。

---

① 陶德麟:《践行马克思主义的实践观为实现中国梦而奋斗》,《光明日报》2013 年 4 月 16 日。

身体力行的实干家往往是思想与时俱进，富于革命性、彻底性的，必然实事求是的看问题，着眼世情、国情、党情的新变化，充分运用人类社会创造的先进科学技术成果，设计和发展国家政治制度，把握现实要求，跟上时代前进的步伐。贯彻新时代人民群众观，必然遵循共产党执政规律、社会主义建设规律、人类社会发展规律，必然运用规律抓住根本、谋划全局、着眼长远，解决矛盾和问题，具体表现为通过实现“关键一步”（全面建成小康）、“关键一招”（全面深化改革）全面依法治国、全面从严治党，化解“四大危险”和“四大考验”，推进执政党依法执政、科学执政、民主执政等重大问题，采取顺应人民意愿的有广泛、深厚、可靠群众基础的路线、方针、政策，提出了充分尊重人民历史选择和现实选择的治国理政新理念、新思想。

这是因为新时代人民群众观发源于马克思、恩格斯的人民群众观，是对马克思主义经典作家人民群众观的继承和发展。马克思、恩格斯一生所关注的是两大关系，即人与自然的关系和人与社会的关系，所要达到的理想是两大和解，即人与自然的和解和人与社会的和解，所要树立和弘扬的是人民群众的历史主体、实践主体、价值主体地位。马克思主义的核心和灵魂就是世界观和方法论，是思维方式、价值取向原则和思想精神，它要求人们在科学的基础上，即在尊重人类社会发展的客观规律的基础上，追求“人的自由而全面的发展”，即实现这一目标，为人民谋幸福要靠生产力的高度发展和社会财富源泉的充分涌流。历史已经充分证明，任何成功的实践活动都要遵循“人的尺度”和“物的尺度”这两大尺度。

实事求是作为党的思想路线，始终是马克思主义中国化理论成果的精髓和灵魂，也是新时代人民群众观的精髓和灵魂。党的十八大以来，以习近平同志为核心的党中央在新的历史条件下坚持和发展了这条思想路线。习近平新时代中国特色社会主义思想不断深化对共产党执政规律、社会主义建设规律、人类社会发展规律的认识，提出要把握改革的规律性，坚持正确的方法论，以确保我们的发展必须是遵循经济规律的科学发展，必须是遵循自然规律的可持续发展，必须是遵循社会规律的包容性发展。“规律是存在于两种现象之间的可被观察的有规则的关系。规律可能是决定性，也可能是概率性的。几乎所有的社会科学规律都是概率性的。"①规律是人们认识世界的依据、改造世界的遵循,违背了经济规律,国民经济要破产;违背了自然规律,种族可能要灭亡,人类可能要消失,社会主义制度的优越性成为空谈。当代中国马克思主义人民群众观,当然包含着对"三大规律"认识的不断深化,当然要在深刻总结历史经验和新鲜经验的基础上,不断做出新的理论概括,在思想理论上取得新成果、新发展,进而增强人们的制度自信和道路自信。在新世纪、新阶段,当代中国马克思主义发展的最显著的成果,就是我们党取得了一系列创新性新成果,比如习近平总书记的系列重要讲话等,把对共产党执政规律、社会主义建设规律和人类社会发展规律的认识提高到了新的科学水平,并且创造性地运用于为人民服务的具体实践中。这集中体现为在党的执政实践中坚持实事求是、求真务实,努力体现时代性、把握规律性、富于创造性,使我们的思想和行动更加符合客观实际,指导中国特色社会事业取得显著的成就,为中国特色社会主义制度的合理性、道路的必然性夯实了基础。习近平新时代中国特色社会主义思想又一次在最完备的形式上实现了真理的科学性和价值的合理性的高度统一,成为坚持理论与实践统一的又一光辉范例。

一、通过不断探索和遵循共产党执政规律,把为人民服务的理论和实践提高到新的水平

共产党执政规律,是处于执政地位的共产党活动和建设的规律,包括执政理念、执政方式、执政基础等,这是执政的共产党自觉能动地开展活动和从事自身建设的基本依据。中国共产党的执政规律是在自身建设和领导国家、社会活动中展开和实现的,它具体表现在执政理念、执政宗旨、执政任务、执政能力、执政途径、执政规范、执政保障等方面。共产党的执政规律,最根本的一条是人心向背定理,必须把人心作为最大政治。我们通过对共产党执政规律的探索与把握,逐步从理论上解决了执政之基在哪里的问题,解决了执政能力建设的若干基本理论问题。

我们在规律层面认识到,为争取民族独立、人民解放和实现国家繁荣富强、人民共同富裕这两大历史任务而不懈奋斗,是中国共产党历史发展的主题和主线。正确认识我国仍处于并将长期处于社会主义初级阶段的基本国情,坚持和

---

① [美]斯蒂芬范埃弗拉著,陈琪译:《政治学研究方法指南》,北京大学出版社2006年版,第7页。

发展中国特色社会主义，建设社会主义现代化强国和实现中华民族伟大复兴，是中国特色社会主义建设的总依据和总任务，“五位一体”总体布局的提出，表明我们党对社会主义建设基本内容的认识更加全面深入。当前党面对深刻变化的国际国内形势，面对改革发展稳定的繁重任务，面对各族人民过上更好生活的新期待，面对党员队伍和党的建设遇到的新情况、新问题，只有不断加强和改善党的领导，才能肩负起新的历史责任，经得住新的重大考验，也要求党在自身建设中始终保持理论上的高度清醒、政治上的高度坚定和行动上的高度自觉。

我们从规律层面认识到，必须紧密联系中国共产党执政的实际。习近平总书记指出：“中国共产党的领导是中国特色社会主义最本质的特征。”[①]这一重要论断，阐明了中国特色社会主义质的规定性，抓住了共产党执政规律的核心，从深层次阐述了“党兴则国家兴、民族兴”的道理，为新时期更加坚定地走中国特色社会主义道路提供了科学理论指导。我们基于辩证唯物主义和历史唯物主义的基本观点，揭示了无产阶级政党执政能力建设的本质内涵实际上就是执政为民，也就是满足人民的各种利益需求，获取人民群众的认同和支持。我们深刻认识到，社会主义国家都必须以优先保障人民的生存权和发展权为基点，把改善民众生活放在首位，着眼于全面实现人民的政治、经济、文化、社会和生态权益，逐步提高人民享有的各种经济、政治、社会和文化权利的质量，努力使人民生活得更加幸福、更有尊严。执政党在多大程度和范围上体现和实现了群众的利益，能在多大程度上与历史进步的趋势保持一致，将决定其最终的生存和发展。

我们认识到，必须把总结党自身的历史经验与放眼未来世界相结合。我们认识到，党必须跟上时代步伐，必须适应社会发展进步的要求，必须不断提升应对和解决复杂问题的能力，不断提高党的领导能力和执政水平。党的理论、路线、方针、政策和实际作为，必须顺应中国社会发展的要求，代表最广大人民群众的根本利益，充分体现自己的先进性。执政党必须着眼于保持和发展党的理论基础和指导思想的先进性，切实加强党的思想理论建设，不断提高全党的马克思主义理论水平，必须着眼于保持和发展党的基本纲领和奋斗目标的先进性，切实

① 习近平：《在庆祝全国人民代表大会成立60周年大会上的讲话》，人民出版社2014年版，第6页。

加强党的政治建设，保证党的大政方针符合中国实际，确保党的纲领、路线、方针和政策始终代表最广大人民的根本利益，确保全党始终坚持最低纲领和最高纲领的统一。党的十八大以来，面对风云激荡的国际形势，以习近平同志为核心的党中央深入思考并回答党在21世纪新的历史条件下怎样科学执政、民主执政、依法执政，更好地治国理政这个重大理论和实践课题，进一步认识到执政为民、执政靠民这个根本执政规律，以民之所望为施政方向，以民之所恶为整治对象。

我们深刻认识到，领导核心地位归根到底是由党的先进性质所决定的，党和人民事业发展到什么阶段，党的建设就要推进到什么阶段。思想建党一定要和制度治党紧密结合，党规约束能明确言行的边界，道德规范能激发内在的自律。党的先锋队性质和先进性要求，党的思想优势、政治优势和组织优势在于从严治党的制度化、常态化。党是靠革命理想和铁的纪律组织起来的马克思主义政党，党规党纪严于国家法律，必须把维护党的纪律，守纪律、讲规矩，摆在更加重要的位置，并注重党内法规同国家法律的衔接和协调。

二、通过不断科学认识和把握社会主义建设规律，把为人民服务的理论和实践提高到新的水平

社会主义建设规律，是在总结世界社会主义运动正反两方面的历史经验的基础上，揭示社会主义作为一种特定社会形态的运行规律以及该社会形态的活动主体的实践规律。从社会基本矛盾的观点来看，社会主义建设的规律就是在共产党的领导下，通过制度创新和体制创新，促使社会主义生产关系和上层建筑更好地适合生产力发展，从而促进社会全面、协调、可持续发展的过程。

探索在经济文化比较落后的国家建设社会主义的规律，是一个多世纪以来各国共产党人始终面临并着力解决的重大历史性课题，在这个过程中，以毛泽东、邓小平、江泽民、胡锦涛和习近平为主要代表的历代中国共产党人，坚持把马克思主义基本原理同我国的实际和时代特征相结合，先后探索和开辟了具有中国特色的革命道路、中国特色的社会主义改造道路，以及在新时期开辟和坚持的中国特色社会主义道路。由此形成了两次历史性的认识飞跃，先后产生了毛泽东思想和中国特色社会主义理论体系（邓小平理论、“三个代表”重要思想、科学发展观、习近平新时代中国特色社会主义思想），体现了党对社会主义建设规律认识的进一步深化。

十八大以来，以习近平同志为核心的党中央，续写坚持和发展中国特色社会主义这篇大文章，习近平同志深刻总结国内外发展经验教训，深入分析国内外发展大势，围绕“五位一体”总体布局、“四个全面”战略布局和“两个一百年”奋斗目标，提出实现中华民族伟大复兴的中国梦，通过致力于解决当前党和国家事业发展中必须解决好的主要矛盾，实现人民对美好生活的向往，这是在新的历史起点上对实现我国未来更高奋斗目标所做的大众化表达，提出协调推进“四个全面”战略布局这一重大治国理政方略，丰富和发展了马克思主义关于推动社会历史发展应坚持合规律性与合目的性、尊重客观规律与发挥主观能动性辩证统一的基本原理，提出的“五大发展理念”代表了五个发展路径，代表当代先进、科学生产力发展的内涵要求，代表了人民对发展质量、效率的新需求，代表了生产力水平总体跃升的现代生产力发展的潮流和方向。“五大发展理念”坚持以人民为中心的发展思想，把增进人民福祉、促进人的全面发展作为发展的出发点和落脚点，这是马克思主义中国化、大众化、时代化的最新成果。我们正是在对共产党执政根本规律认识的不断深化中，深入推进全心全意为人民服务的科学实践。

近年来，以习近平同志为核心的党中央，致力于依据新形势下我们党治国理政的特点和规律，提升党治国理政的能力和水平，把握当今世界经济正处于深度调整、中国经历新旧动能转化的时代大势，紧跟世界潮流的正确抉择，围绕国家治理体系和治理能力现代化，适应和引领经济发展新常态，协调推进“四个全面”战略布局，提出创新发展、协调发展、绿色发展、开放发展、共享发展，这是具有高度战略性、纲领性和引领性的理性认识，深入思考并回答新形势下党如何治国理政、社会主义怎样深入发展等重大理论和实践问题，为我们在新时期奏响建设中国特色社会主义进行曲和交响曲定调、谱曲，为我们在新起点上实现党的奋斗目标提供指引、遵循，升华了我们党对社会主义建设规律的认识，实现了认识把握社会主义建设规律的新飞跃。

综上所述，科学社会主义和中国特色社会主义正在实践中，是一个不断发展和完善的过程，认识和掌握社会主义经济规律也是一个不断深化和扩展的过程。当前，我们党在对社会主义建设规律的认识把握上迈向了新的高度，达到了新的境界。我们认识到生产力的发展是推动社会发展的根本动力，深刻认识到社会主义的根本任务是解放和发展生产力的社会主义建设规律，深刻认识到党执政后的根本任务是发展生产力。此外，对社会主义建设的具体规律也有深刻把握：一是生产资料公有制为主体、多种所有制经济共同发展的产权发展规律；二是按劳分配为主体、多种分配方式并存的分配规律；三是先富带后富，逐步达到共同富裕规律；四是人的全面发展规律；五是区域经济梯度协调发展规律。这些都是立足于实际之上，是对客观存在的规律性的正确认识或反映。

三、通过不断科学认识和把握人类社会发展规律，把为人民服务的理论和实践提高到新的水平

科学是对经验世界和有限领域的认识和把握，科学知识、科学方法、科学态度和科学精神等，是人类解放自己、由必然走向自由王国的最可靠凭借。人类目的的实现，受客观条件及其规律的制约，前人活动的产物是现实活动的前提、基础与手段。人类社会发展规律，使人们懂得事情是什么、为什么和怎样做，从而由必然王国进入自由王国。人类要正确地改造世界，就是充分运用客观规律改造外在世界，就是在严谨的科学理论和科学方法指导下按客观科学规律办事。

人类社会发展规律有三大类。第一类是在一切社会经济形态中起作用的共有规律。如生产关系一定要适应生产力性质的规律，生产资料生产优先增长的规律，时间节约的规律，劳动生产率提高的规律等。第二类是在几个社会经济形态中起作用的共有规律。如商品生产和交换的基本规律即价值规律，以及竞争规律、供求规律等。第三类是在某一特定社会经济形态中起作用的特定规律。如资本主义社会的剩余价值规律、资本积累规律，社会主义社会的基本经济规律、按劳分配规律等。深刻把握和认识以上三类社会发展规律，揭示世界历史的发展轨迹并没有超出马克思主义所揭示的基本规律，不仅为搞经济社会建设者所必须，同时也是当代马克思主义大众化面临的紧迫任务。

马克思主义具有现代科学理论所具有的一切特征，揭示了人类社会发展的一般规律，恩格斯指出："正像达尔文发现有机界的发展规律一样，马克思发现了人类历史的发展规律……"①不仅使人类自觉到自身的发展规律，而且使人类自

① 《马克思恩格斯选集》（第三卷），人民出版社 2012 年版，第 1002 页。

觉到“现实的历史”，即资本主义的发展规律，揭示和论证了人类历史的三种基本形态：从“人的依赖关系”到“以物的依赖性为基础的人的独立性”，再到“建立在个人全面发展和他们共同的、社会的生产能力成为从属于他们的社会财富这一基础上的自由个性”。从此结束了人们对社会发展过程的主观唯心主义猜测和杂乱无章的认识，成为党在执政过程中制定路线、方针、政策的基本价值导向，马克思主义关于人类社会发展规律的理论，对党的路线、方针、政策，对党和国家工作的全局起指导和推动作用。马克思主义从一切社会关系中划分出生产关系，进而划分出经济领域，并把它当作决定其余一切关系的基本的原始的关系，进而将一切社会关系归结于生产关系，将生产关系归结于由生产力决定并反作用于生产力，将社会形态的发展看作自然历史过程，破天荒地破解了“历史之谜”，从而揭示了人类社会发展的规律。可以说，离开对人类发展规律的真理性认识，既无法形成真实的社会理想和合理的价值诉求，也无法选择正确的发展道路。

人固然是社会活动的主体，但又不可能不受到自然条件、自然规律和社会规律的制约。人类不得不重新审视人与自然的关系、经济和社会的关系、当代与未来的关系，探索和寻求新的发展道路。人类社会是自然界长期发展的产物，是物质世界的一部分，要把人类的局部利益和整体利益、眼前利益和长远利益结合起来，把人类的内在尺度和客观世界的外在尺度统一起来。人类社会永远不能离开自然界，不能违背自然界的客观规律，必须自觉保持人与自然的依存关系，实现主体与客体、自然与社会的和谐共处。人作为能动的、主观的、社会的存在物，可以反作用于自然，为自己的生存创造更为有利的条件，但人不能从主观愿望出发，人的活动不能超越自然所能接受的限度，不能违反自然规律。人与自然的关系是人类社会永恒存在的、不断发展的、对立统一的辩证关系，人与人的关系和人与自然的关系是互为前提和影响的，人类社会发展的历史就是人类在认识、利用、改造和适应自然的过程中不断发展、不断追求人与自然和谐统一的历史过程，人与自然的和谐相处是人与自然的关系的主要内容和理想目标。总之，科学认识和把握人类社会发展规律，在一定程度上也改变着现代社会主义的理论和实践形态。

中国作为世界上最大的发展中国家，敢于正视问题，具有敢于触及矛盾、解决问题的责任和担当。将马克思主义创造性地运用于实践，归根到底是按客观规律办事，按中国特色社会主义发展的本质要求办事，为伟大梦想转化为现实开辟了正确道路。“人们自己创造自己的历史，但是他们并不是随心所欲地创造，并不是在他们自己选定的条件下创造，而是在直接碰到的、既定的、从过去承继下来的条件下创造。”①历史上的一些梦想之所以落空，是因为梦想不能照进现实，追梦者往往片面夸大主观能动性的作用，忽视发挥主观能动性所需的条件和限度，也不注重根据现实生活的逻辑来思考现实问题，找不到圆梦的真正有效途径，最终陷入乌托邦空想。在建设中国特色社会主义事业中，要切实避免受到乌托邦社会主义种种空想的影响和干扰，我们要告别其平均主义的伪平等，要拒斥其空想的道德说教和政治专制，要警惕急于求成的超阶段论，即在生产力不发达的条件下急于实现财富公有制和按需分配，因为社会主义建设决不能凭借空想，凭借美好的主观愿望去推动社会实践。

相反，具有鲜明的实践品格和与时俱进的理论品格的新时代人民群众观则是依托科学理性，整体把握人类社会发展规律、社会主义建设规律和共产党执政规律，立足于时代变化和现实国情，从现存的经济社会关系中寻找解决矛盾的途径与手段，不断完善实现梦想的现实条件和可行路径，比如，中国梦以其自身所内含的价值观念或价值目标，作为圆梦的精神动力，即以社会主义核心价值观作为引领和助推中国梦实现的精神动力源和支点，以治理现代化来助推，以良法善治来守护，以科学的顶层设计和系统的制度创新为根本保证，以社会主义民主政治的可持续发展为保障。十八大报告明确提出，“公平正义是中国特色社会主义的内在要求”，实现中国梦就是要建立以权利公平、机会公平、规则公平为主要内容的社会公平保障体系，促进自由平等、民主法治、公平正义目标的实现。这些都体现了中国梦对社会发展客观规律的充分自觉的尊重和利用，这样，中国梦在新的历史条件下实现了社会发展的理论逻辑与历史逻辑的辩证统一，这是中国梦最坚实的圆梦基础。习近平同志指出：“准确把握我国不同发展阶段的新变化、新特点，使主观世界更好符合客观实际，按照实际决定工作方针，这是我们必

---

① 《马克思恩格斯选集》（第一卷），人民出版社 2012 年版，第 669 页。

须牢牢记住的工作方法。”这是对人类社会发展进步潮流的深刻把握。

在解决社会问题中产生的马克思主义，关注现实问题，主张在遵循现代化发展规律的基础上追求人类解放，实现人的自由而全面发展。“‘解放’是一种历史活动，不是思想活动，‘解放’是由历史的关系，是由工业状况、商业状况、农业状况、交往状况促成的……”①在更大范围、更深程度上推进利益深度融合，在长期竞争中加强包容合作，建设人类命运共同体，是人类社会发展的必然途径。

马克思主义的立场、观点、方法是新时代人民群众观的精髓所在，是我们干事创业的强大思想武器和根本遵循，它所提供的是与马克思主义世界观相统一的方法论，而不是对现实问题的具体答案，也就是指导我们正确认识世界和改造世界的根本思想方法和工作方法，它要求我们科学地认识世界，务实地改造世界，要求我们尊重和把握客观规律，按客观规律办事，要求我们坚持以人民为中心的价值取向不能变，要求我们必须从马克思主义的立场、观点、方法上深入把握党中央治国理政的新思想、新要求，紧密联系全球化和工业化发展的新趋势，紧密联系我国改革开放的历史实践，紧密联系共产党执政的实际，处理好解放思想和实事求是的关系，处理好发展和稳定的关系，这样才能确保政治立场不移、政治方向不偏，确保我们的各项方针政策既不偏“左”也不偏右，不偏离马克思主义的科学世界观和方法论。

通过对新时代人民群众观的详尽考察，可以发现它以全新的视野深化了对共产党执政规律、社会主义建设规律、人类社会发展规律的认识，深化了对不发达国家建设社会主义的特殊规律的认识，体现了科学社会主义理论逻辑和中国社会发展历史逻辑的辩证统一，体现了马克思主义与时俱进的理论品质，实现了马克思主义与中国具体实际相结合的认识上的新飞跃。新时代人民群众观的一个鲜明理论特色是实事求是，强调突出问题导向、找准历史方位和未来目标、着力解决问题，在尊重三大规律的基础上制定正确的目标、路线、方针和政策，捍卫、保障和发展最大多数人民群众的利益，以人民为历史主体，坚持人民是推动历史前进之根本动力，自觉运用马克思主义立场、观点和方法分析解决现实问

① 《马克思恩格斯选集》(第一卷)，人民出版社2012年版，第154页。

题。贯彻落实新时代人民群众观，就是要自觉利用历史规律，科学把握三大规律（共产党执政规律、社会主义建设规律、人类社会发展规律），练就过硬本领，勇于创新创造，矢志艰苦奋斗，投入“寻梦”“追梦”的实践，就是要坚持社会主义本质要求和发展方向，推动人的解放和自由，关注政治发展状况和经济发展条件之于人类解放的现实价值，绝不脱离其所处时代的政治环境和经济条件。

四、通过力戒形式主义、官僚主义，把为人民服务的理论和实践提高到新的水平

反对形式主义、官僚主义，永葆党的先进性和纯洁性，是马克思主义政党的本质要求，是中国共产党应对、经受和战胜各种风险考验、永葆青春活力的秘诀。从理论上讲，形式主义、官僚主义与无产阶级先进政党的性质、宗旨和优良作风格格不入，但由于种种因素，形式主义、官僚主义的毒瘤还是长期寄生于党的肌体。中国共产党建党百年来，始终保持对形式主义、官僚主义的高度警觉，不断从世界观、方法论的高度，从讲政治的高度，审视形式主义、官僚主义的实质和危害，根据各类形式主义、官僚主义的新发展、新变化，精准施策，与之进行坚决而不妥协的严肃斗争，有效地保障了党的先进性和纯洁性。

（一）反对形式主义、官僚主义是党的伟大自我革命的重要内容，是党自强不息、砥砺奋进、长盛不衰的精神密码

力戒形式主义、官僚主义是无产阶级政党的优良传统。马克思主义经典作家早在国际共产主义运动兴起之时，就对影响、弱化工人阶级政党先进性、纯洁性的因素高度警觉，自觉与形式主义、官僚主义等不良倾向划清界限，并与之进行了坚决而不妥协的斗争。鉴于19世纪七八十年代法国工人组织内部各派系对科学理论不求甚解，只顾着表面形式上的争论而忽视思想内容上的理解，且都以“马克思主义者”自居的情形，马克思严正声明：“我只知道我自己不是马克思主义者”，“我播下的是龙种，而收获的却是跳蚤”。[①] 在批判哥达纲领时他进一步强调：“一步实际运动比一打纲领更重要。”[②]恩格斯更是严厉地批评了社会主

① 《马克思恩格斯选集》（第四卷），人民出版社1995年版，第695页。
② 《马克思恩格斯选集》（第三卷），人民出版社2012年版，第355页。

义工人党领导人以学理主义、教条主义态度对待马克思主义，反对把历史唯物主义当作现成的公式去剪裁各种历史事实，对于德国一些学风浮躁的青年学生把马克思一些对他们有用的话当作标签到处乱贴以此来炫耀自己，把唯物史观命题"变成毫无内容的、抽象的、荒诞无稽的空话"①的形式主义做法非常反感厌恶，不惜与之决裂。十月革命胜利后，共产党开始一国执政实践，列宁鉴于"可恶的官僚主义积习使我们陷入滥发文件、讨论法令、乱下指示的境地，生动活泼的工作就淹没在这浩如烟海的公文之中了"②，要求"少唱些政治高调，多注意些极平凡的但是生动的、来自生活并经过生活检验的共产主义建设方面的事情"③，要求采取千百个措施，打掉这种不良习气。

中国共产党成立后，一方面致力于伟大的社会革命，为争取民族独立、人民解放和实现国家富强、人民富裕这两大历史任务而努力奋斗，另一方面勇于进行伟大的自我革命，以真理和道义的力量自觉同党内一切错误思想观念、错误行为做最坚决、最严肃的斗争，紧紧围绕自己在不同历史时期所肩负的具体使命、任务，持续加强自身建设，不断发展自己的先进性、纯洁性。针对建党初期少数党员干部受各种非无产阶级思想的侵蚀，染上"老爷式"官僚特权思想，工作敷衍搪塞，存在一种粗枝大叶、不求甚解的作风，存在片面地从形式上去估量问题，"指手画脚"、盛气凌人，追求奢靡享乐生活等严重背离党的思想路线和群众路线的严重情形，党刀刃向内，采取各种有效措施与之做坚决、彻底的斗争。比如，1926年党中央颁布第一个惩治腐败的文件，1928年党的六大要求各级苏维埃政权从建立之日起，就应反对官僚主义、办事低效和滥用职权等流弊。《中华苏维埃共和国宪法大纲》明确指出："苏维埃政权以消灭封建制度及彻底改善农民生活为目的。"④中华苏维埃第二次全国苏维埃代表大会严厉批评对于群众生活问题一点不理的官僚主义的领导方法。针对土地革命战争时期党内存在把马克思主义教条化、把共产国际决议和苏联经验神圣化的错误倾向，针对一些人主观主义地

① 《马克思恩格斯选集》（第四卷），人民出版社1995年版，第696页。
② 《列宁全集》（第四十二卷），人民出版社1987年版，第387页。
③ 《列宁选集》（第四卷），人民出版社2012年版，第9页。
④ 《中央革命根据地史料选编》（中册），江西人民出版社1982年版，第202页。

凭“想当然”或唯上、唯书、机械照搬某些“本本”办事，高高在上，脱离实际，乱发指示，乱下命令的错误倾向，以毛泽东为代表的中国共产党人展开对形式主义、官僚主义问题的系统批判和整治。毛泽东在《反对本本主义》和《必须注意经济工作》等文献中，分析了形式主义和官僚主义的表现和危害，指出形式主义是一种幼稚的、低级的、不动脑子的东西，把官僚主义者喻为“泥塑的神像”，批评其“久坐不动，十分无用”，主张“把官僚主义方式这个极坏的家伙抛到粪缸里去”①，提出“没有调查，就没有发言权”的著名论断。在武装割据的艰苦斗争实践中，党逐步形成了从群众中来、到群众中去的工作路线。抗日战争时期，党利用战争间隙，集中精力开展了著名的延安整风运动，大力整治主观主义、宗派主义、党八股等不正之风，在全党确立了实事求是的思想路线，极大地增强了党的凝聚力和战斗力，为党最后夺取抗战乃至解放全中国奠定了坚实的思想理论基础。解放战争时期，针对部分根据地提出一些浮夸的口号和空洞的政策，官僚主义、地方主义、自由主义、形式主义等不良风气有所抬头，全党重温党委会的工作方法，确立报告制度，健全党委制，纠偏党内“左”“右”倾向。

中华人民共和国成立后，党在长期执政条件下与人民的关系有了新的特点和规律，党执政后的最大危险是脱离群众，如何有效防止国家机关工作人员由“社会公仆”变成“社会主人”，如何密切党群干群关系、巩固党的执政基础，成为更加突出的问题。为此，中国共产党以“两个务必”的政治清醒，在全党多次开展整党整风运动，把反形式主义、官僚主义作为工作聚焦点，靶向治理部分党员干部中滋生的居功自傲、停顿起来不求进步、贪污腐化的官僚主义问题，及时清除党内的腐化堕落分子，纯洁党员干部思想。在探索社会主义建设道路过程中，全党靶向治理一些党员干部不抓业务、好大喜功、文牍主义盛行的问题，对当时遏制形式主义、官僚主义的蔓延发展起到了积极的作用，有效地促进了党继续发扬“赶考”求实精神，为恢复和发展国民经济、进行社会主义建设奠定了良好的作风基础。

改革开放四十多年的历程，在一定程度上就是解放思想、实事求是地破除形形色色的形式主义、官僚主义的过程。党的十一届三中全会以极大的政治勇气

---

① 《毛泽东选集》(第一卷)，人民出版社 1991 年版，第 124 页。

突破“两个凡是”的禁锢，重新确立实事求是的思想路线。这一正确思想路线成为党在各个领域进行拨乱反正，实现历史性转折，开创中国特色社会主义事业新局面的坚实思想基础。中国共产党人强调执政党的党风是关系党的生死存亡的问题，旗帜鲜明地反对官僚主义、形式主义。邓小平深刻指出：“一个党、一个国家、一个民族，如果一切从本本出发，思想僵化，迷信盛行，那它就不能前进，它的生机就停止了，就要亡党亡国。”“我们的工作要扎实，效果要实实在在。所谓鼓实劲，不鼓虚劲，拿科学的语言来说，就是按客观规律办事。经济工作要按经济规律办事，不能弄虚作假，不能空喊口号，要有一套科学的办法。”①无论是围绕真理标准问题展开的全国规模的思想解放运动，还是随后开展的“整党整风”“三讲教育”“先进性教育”活动，无不剑指形式主义、官僚主义，不仅从历史根源上“把脉问症”形式主义、官僚主义的严重危害性，而且从制度层面“对症下药”，纠正“左”的做法，使反对形式主义、官僚主义走上了法治化、制度化的路子，使党的创造力、凝聚力、战斗力得到极大增强，为全党实现工作重心转移，全面开创社会主义现代建设新局面奠定了良好的基础。

党的十八大以来，以习近平同志为核心的党中央从关系党的生死存亡、关乎人心向背的高度，继续深化新时代党的自我革命，把力戒形式主义、官僚主义作为加强党的政治建设的重要任务和正风肃纪的重要内容，以勇于自我革命的精神和抓铁有痕、踏石留印的韧劲与之做坚决斗争。先后开展了党的群众路线教育实践活动、“三严三实”专题教育、“两学一做”学习教育、“不忘初心、牢记使命”主题教育等，这些形式多样的党内教育实践活动，无不带着强烈的问题意识，深入查找贯彻落实党的理论和路线、方针、政策上存在的政治偏差，紧盯与形式主义、官僚主义相勾连的一系列重大问题不放，无不是依靠自己的力量解决自身的问题。全党从严贯彻落实中央八项规定精神，纠正“四风”取得重大成效，使管党治党“宽、松、软”的状况有了根本性改变，在相当程度上改变了那种只说不做、只“挠痒痒”不动真格、只抓表面不触深层的陈规陋习，营造出党内良好的政治生态，培塑了党内先进的政治文化，弘扬了党内新风，有力推动了全面从严治党向

① 《邓小平文选》（第二卷），人民出版社 1994 年版，第 196 页。

纵深发展。

中国共产党是抱有崇高理想、担负光荣使命的马克思主义政党，中国共产党人是在一边学习马克思主义，一边运用马克思主义，一边发展马克思主义中，推进中国革命、建设和改革事业的。党始终以真理的力量同一切错误思想、错误观念、错误行为做最坚决、最严肃的斗争。百年来中国共产党在救国、兴国、富国、强国的奋斗过程中，拥有了众多法宝和取胜之道，其中敢于正视问题，勇于清除一切侵蚀党的肌体的病毒，消除一切损害党的先进性和纯洁性的因素，就是党不断发展壮大的最根本原因之一，也是中国共产党百年自强不息、长盛不衰、风华正茂的精神密码之一。

（二）从世界观和方法论的高度，从讲政治的高度审视形式主义、官僚主义的实质和严重危害性，为我们进一步推动党的作风建设，深入整治形式主义、官僚主义突出问题指明了方向，提供了遵循

形式主义、官僚主义是党和人民事业的大敌，中国共产党的百年发展史，在一定程度上就是一部不断克服形式主义、官僚主义的伟大斗争史。形式主义、官僚主义在不同时期、不同地区、不同部门有不同的表现，要有效解决问题，就需要从理论和实践上深刻把握问题的实质和危害性，深入揭露其种种表现，深刻把握其变化规律。一百年来，党在领导革命、建设、改革的实践中，总是基于对自身性质、宗旨的深刻认识，基于对巩固党的执政基础和执政地位的深邃思考，坚持根据形势和任务的新变化、新发展，不断深化对形式主义、官僚主义产生的思想根源及社会现实基础的认识，不断从世界观和方法论的高度，从讲政治的高度，认清形式主义、官僚主义的实质和严重危害性，充分揭露形式主义、官僚主义的种种假面具，以永远在路上的态度和决心，整治在落实党和国家重大决策部署方面的形式主义、官僚主义突出问题，不断消除形式主义、官僚主义滋生的土壤，有效防范各类形式主义的新发展、新变化，确保党始终坚持群众路线，密切联系群众，确保党战胜一个又一个挑战，不断从胜利走向胜利，实现从“赶上时代”到“引领时代”的伟大跨越。

1.认清了形式主义、官僚主义的功利主义、实用主义实质。马克思主义认为，在私有制社会里，官僚政治是一种易犯的“政治病症”，是谁也跳不出的圈子，

是普遍的政治现象，形式主义、官僚主义以主仆关系的错置乃至颠倒为基本特征，并在社会生活的各方面呈现出来，具体表现为因自利、冲动、任性用权损害公益的不当行为、等级森严的做派、例行公事盲目服从的作风等形态。社会主义社会“在各方面，在经济、道德和精神方面都还带着它脱胎出来的那个旧社会的痕迹”①，旧社会特有的形式主义、官僚主义遗产很难在短期内销声匿迹。习近平总书记指出：“形式主义背后是功利主义、实用主义作祟，政绩观错位，责任心缺失。”②功利主义是一种西方资产阶级的哲学观念，强调人的行为选择必须符合“最大多数的最大幸福或快乐”原则，为了多数人的幸福可以放弃少数人的幸福和快乐。这是一种基于理性计算的个人主义哲学，其价值观完全不同于以实现每一个人自由最终达到全人类自由的马克思主义哲学。在我国，功利主义还有另外一个含义，指个人行为选择中的机会主义，体现为目标和手段异化、形式与内容异位，凡事以个人或小集体的利益最大化为取舍，忽视集体利益或整体利益。形式主义、官僚主义形形色色、花样繁复，之所以屡禁不止，究其本质，无非是为名、为权、为利，最根本的还是利益问题。党员干部搞形式主义，归根到底，是要借助形式牟取更多的个人利益，或赢得赏识以巩固提升个人权力，或为个人获得更多的资源。

2. 找准了形式主义、官僚主义的思想认识根源。形式主义、官僚主义的思想认识根源是违背马克思主义的立场、观点、方法，背离党实事求是的思想路线，本质上是一种唯心主义、形而上学的思想方法和工作作风。从认识论角度来看，形式主义、官僚主义是主观和客观分裂、理论和实际脱节，片面地、夸大地发展了认识的某一个特征、方面、部分，在处理内容与形式这一对矛盾时，选择用孤立、静止、片面的观点看问题，人为地夸大形式，把形式上升到一种绝对化程度，抛弃或忽略内容，其“最大的最致命的错误就是把空谈当作事实，把虚假的表面现象当作实质或某种重要的东西”③。在党的历史上，主要表现为从主观感情、愿望和意志出发，不从客观实际出发，不按客观规律办事的主观主义、经验主义和盲目服

① 《马克思恩格斯文集》（第三卷），人民出版社 2009 年版，第 434 页。
② 《习近平谈治国理政》（第三卷），外文出版社 2020 年版，第 502 页。
③ 《列宁全集》（第三十二卷），人民出版社 1985 年版，第 45 页。

从上级，从书本出发的教条主义。形式主义违背了内容决定形式、形式服务于内容的科学原则，把形式的作用夸大到不恰当的地步，过分注重形式、忽视内容，不重实效、本末倒置，脱离实际。党已经深刻认识到形式是内容的载体，任何事物、任何工作、任何活动，都必须通过一定的形式表现出来，认识到如果形式不是内容的形式，那它就没有任何价值。反对形式主义，并非否定一切形式，我们反对的是与内容不相适应的形式，是远远大于内容的无效、低效的形式，是没有实际内容和意义的形式，我们要的是有利于内容发展的承载内容的形式，要的是能够让我们取得最大成效的最佳形式，我们坚持从内容出发决定形式，变革形式。党已经深刻认识到形式主义、官僚主义与自由主义、个人主义、命令主义、事务主义、分散主义、本位主义、宗派主义等密切相关，形式主义是主观主义和官僚主义在实际工作中的表现，形式主义助长官僚主义，官僚主义借助压力型体制“逼”出形式主义、事务主义、文牍主义。

3. 切中了形式主义、官僚主义的症结要害：政绩观错位，责任心缺失。形式主义的发生，既有历史渊源，更有现实利益因素。从主观上找原因，当前形式主义、官僚主义的要害在于“自觉故意”，在于“最卑鄙的个人主义”作祟。形式主义、官僚主义问题只是表象，根上是背离了党性，丢掉了宗旨，迷失共产党人的本性和方向，是政绩观错位、责任心缺失。在形式主义、官僚主义背后作祟的，是扭曲的权力观、官本位思想、特权思想和等级观念，是庸俗的上下级关系。比如，盲目提出不严谨的政治口号、政治术语，强制要求一些明明做不到的高指标，便是心中无党的表现。只重显功、不重潜功，只顾当前、不计长远，不计成本代价，追求眼前政绩，追求轰动效应，为个人权力不惜牺牲百姓合法利益，根源在于把个人升迁和利益看得比党和国家事业重要，是心中无民的极端表现。自大、自满、自我膨胀，只重权力，无视责任，缺乏担当，只在文件里批来批去，是心中无责的典型表现。合己意则执行，不合己意则变通，上有政策、下有对策，有令不行、有禁不止，权力运行缺乏党纪国法敬畏，乱决策、乱作为，是心中无戒的恶劣表现。不思进取、庸政怠政、明哲保身、得过且过的思想和行为，与传统文化糟粕的流毒有着密切关系，这当中，“官本位”思想和“面子”文化影响最深。

4. 明确了形式主义、官僚主义是目前党内存在的突出矛盾和问题。共产党是“行动党”,不是“口号党”,必须严格遵循马克思主义的实践观来推动党和人民事业发展,反对形式主义、官僚主义本身就要求将改造客观世界和改造主观世界有机结合起来。形式主义、官僚主义害死人已经成为全党、全社会的共识,党已经明确认识到形式主义、官僚主义是党和人民事业的大敌,是附着在党肌体上的一颗毒瘤,明确认识到形式主义、官僚主义猖獗,空耗着国家有限的人力、物力、财力、精力等资源,客观上阻碍经济发展和民生改善,折损、透支党在人民群众中的公信力和领导力,侵蚀党的思想道德基础,阻碍党的路线、方针、政策和党中央重大决策部署的贯彻落实,极大破坏“两个维护”。党已经深刻认识到形式主义、官僚主义问题已经成为当前党内存在的突出矛盾和问题。只有从讲政治的高度,从坚定“四个自信”、增强“四个意识”、做到“两个维护”的高度进行观察分析,才能深刻把握国之大者,深刻认识形式主义、官僚主义背后的政治问题,才能切中形式主义、官僚主义的要害、根源和实质,才能从根源上入手,对形式主义和官僚主义标本兼治,才能为解决其他一些党内矛盾问题创造更好的条件,进而做到保持党同人民群众的血肉联系,以优良作风为全面建设社会主义现代化国家开好局、起好步。

(三)进一步从思想、制度和利益根源上破解形式主义、官僚主义积弊,把全党智慧和力量凝聚到推动中国发展进步的伟大事业中来

力戒形式主义、官僚主义是中国共产党加强作风建设的重要任务。建党百年来,我们从讲政治的高度,从思想、制度和利益根源上破解形式主义、官僚主义积弊,寻找具有鲜明时代性和极强现实针对性的解决之道,既治标又治本,积累了许多成功经验,给我们以有益的启示。

1. 整治形式主义、官僚主义,必须聚焦突出问题,狠抓主要矛盾,找准良方、靶向发力。必须突出问题导向,深刻检视,精准发现形式主义、官僚主义的各类突出问题,精准整改。既要真刀真枪攻克一些司空见惯的顽瘴痼疾,也要察觉、发现那些深层次的隐性问题,密切关注一些新动向、新表现,抓住主要矛盾,进行坚决斗争。形式主义属于“四风”之首,具有多样性和变异性,尽管在高压态势下仍花样不断翻新,改头换面,隐形变异,披上各种各样极具迷惑性的“政治正确”的外衣,但万变不离其假恶丑的本来面目。比如,在贯彻落实党的路线、方针、政

策和中央重大决策部署方面突出存在的一些问题，诸如对中央精神只做表面上轰轰烈烈的机械式、口号式传达，热衷于随意编新词、提新说法，空泛式表态、应景式造势，不加消化、不做调查研究，机械理解执行，缺乏实际行动和具体措施，导致贯彻落实跑偏走样甚至落空。在联系群众、服务群众方面的突出问题，诸如做表面文章，作秀造势，过度留痕，对群众反映强烈的问题消极应付，不担当、不作为、慢作为、乱作为、假作为，弄虚作假，编造假经验、假典型、假数据，瞒报、谎报情况，隐藏、遮掩问题，导致大量的人力、财力、物力浪费在一些没有意义或意义不大的事情上。上述这些都是重点领域形式主义、官僚主义的突出问题，必须认真识别，准确"画像"，把握其基本特征，摸清其基本表现，认清其实质、危害，使其无处遁形，必须以抱定咬定青山不放松的决心，靶向发力，探索有效管用的整治手段，"露头就打"坚决防止反弹回潮。

2. 整治形式主义、官僚主义，必须先从筑牢思想根基上着力，解决思想免疫力、抵抗力问题。形式主义、官僚主义滋生蔓延的思想根源是一些党员干部精神上"缺钙"，整治形式主义、官僚主义必须先从思想源头上清除病灶，必须从坚定共产党人对马克思主义的信仰，对共产主义和社会主义的信念，对党和人民的忠诚入手，"用理想信念和党性教育固本培元、补钙壮骨"①，增强广大党员、干部对形式主义、官僚主义的思想免疫力和抵抗力。"掌握思想教育，是团结全党进行伟大政治斗争的中心环节。"②"我们共产党有一条，就是要把工作做好，必须先从思想上解决问题。"③中共中央办公厅下发的《关于解决形式主义突出问题为基层减负的通知》中，第一条要求就是"以党的政治建设为统领加强思想教育，着力解决党性不纯、政绩观错位的问题"。必须引导党员干部坚持用马克思主义理论武装头脑，学懂、弄通、做实党的最新理论创新成果，切实领会贯穿其中的马克思主义的立场、观点、方法，全面清除个人主义、功利主义及"官本位"思想的影响和危害，牢固树立正确的人生观、世界观、价值观和政绩观，全面增强党员干部守初心、担使命的思想自觉和行动自觉，警惕防范各类形式主义、官僚主义的新发

---

① 习近平:《在党的十八届六中全会第二次全体会议上的讲话》(节选),《求是》2017 年第 1 期。

② 《毛泽东选集》(第三卷),人民出版社 1991 年版,第 1094 页。

③ 《邓小平文选》(第一卷),人民出版社 1994 年版,第 184 页。

展、新变化，尤其要警惕以形式主义反对形式主义、以官僚主义反对官僚主义。

3. 整治形式主义、官僚主义，必须健全党和国家监督体系，充分发挥法治的规范、引领、推动和保障作用。有的形式主义、官僚主义问题是日常监督"灯下黑"造成的，与制度不健全、不完善、执行不到位有很大关系，所以要全方位、全过程"防控"形式主义和官僚主义，就需要从制度上探索"多种多样的自下而上的监督形式和方法，以便消除苏维埃政权的一切可能发生的弊病"①。整治形式主义、官僚主义，必须运用法治思维和法治方式，最大限度地实现国家、社会各项事务治理的制度化、规范化、程序化，真正做到用制度管权、管事、管人，切实防止公共权力的私用、滥用。必须不断提高国家治理体系和治理能力的现代化水平，充分发挥党内监督和国家监察专责机关的优势，加大对形式主义、官僚主义问题的监督查处执纪力度，用好问责的利器，真正把纪律规矩挺在最前面，真正把权力关进制度的笼子，确保及时对那些搞形式主义、官僚主义的人绳之以纪、绳之以法，决不让其存有逃脱法纪制裁的侥幸，让真正的形式主义、官僚主义者尝不到"甜头"、捞不着"彩头"，让其不仅无利可图，还得让其付出高昂的代价与成本。要彻底与形式主义、官僚主义"断舍离"，解决制度问题更带有根本性，必须在完善机制、高效执纪、精准问责上见真章，在完善干部激励机制、深化治理改革等方面下功夫，进一步完善干部考核评价机制，解决好党员和干部队伍的激励机制问题，把防范形式主义、官僚主义的制度笼子扎紧扎实，有效强化制度约束，发挥好制度的震慑和教育效应，形成不敢、不想、不能搞形式主义、官僚主义的有效机制。制度的效用取决于制度的执行，必须加大制度的执行力，强化精准高效执纪，决不能让制度成为"稻草人""纸老虎"，因为没有执行力的制度就没有任何震慑力和作用。

4. 整治形式、主义官僚主义，必须精准施治之策，压缩形式主义的滋长空间，坚决铲除形式主义、官僚主义滋生蔓延的土壤。作风问题根本上是党性问题，形式主义、官僚主义成为一种顽瘴痼疾，归根到底是现实中有其滋生蔓延的适宜土壤和温床。必须精准施治之策，多措并举压缩形式主义、官僚主义的滋长的空

---

① 《列宁选集》（第三卷），人民出版社 2012 年版，第 506—507 页。

间，铲除其蔓延的温床和土壤。鉴于有些形式主义就是官僚主义泛滥的产物，是被逼出来的，基层之所以要搞形式主义，根源在于有上级部门欣赏肯定，相当程度上是官僚主义造成的，所以反对形式主义，必须同时反官僚主义，使其失去生存根基。有的形式主义是因为党员干部缺乏必要的能力来彻底坚持正确思想路线所致。不按客观规律办事，盲目依赖个人经验和主观判断，搞违背科学的瞎指挥，自然有党员干部能力方面的原因，一定程度上是因为本领不高、能力不足造成的。比如，遇到问题，没有能力提出清晰完整的工作思路和切实可行的解决办法来开展实质性的工作，只好绕开矛盾和问题，避重就轻在形式上做文章，只能内容不够形式凑，用表面的形式来装扮和掩饰问题自欺欺人。所以要落实党中央增强"八种本领"的要求，一刻不停增强本领，掌握好"看家本领"，全面提升能力水平，解决党员干部必要的知识储备和岗位历练问题，特别是加强政治能力训练和政治实践历练，切实提升运用党的创新理论推动工作的能力，切实提升党员干部分析解决实际问题的思想水平和工作能力，改进党的领导方式和工作方法，提升党的执政水平和领导水平，彻底从本领上解决党员干部在人民利益上不维护、不作为问题。此外还要大力培育和践行社会主义核心价值观，大力弘扬以爱国主义为核心的民族精神和以改革创新为核心的时代精神，提高人民思想觉悟、道德水准、文明素养，提高全社会文明程度，为重塑党员、干部崇尚实干、勇于担当提供有力的道德的、政策的、文化的支持，让干事创业、勇于担当的党员、干部真正从毫无意义的繁杂事务中解放出来，从形式主义、官僚主义的桎梏中解脱出来，把自己的智慧和力量真正用到推动中国发展进步的伟大事业中来，做到始终同人民想在一起、干在一起、团结在一起，以优良作风为全面建设社会主义现代化国家开好局、起好步。

第六章　新时代人民群众观的实践新内涵

新时代人民群众观指导下的群众路线实践，结合新的形势任务和实践要求加以创新，在如何有效为人民服务的问题上有了新的实践探索。中国共产党面对风云激荡的复杂国际形势，承接40多年来改革开放的伟大实践，开启了全面建设社会主义现代化国家新征程。中国共产党肩负执政兴国的新使命，一方面要在前人的基础上接力奋斗，全面建成小康社会，完成第一个一百年的奋斗目标；另一方面，要把握历史机遇，及时开启全面建设社会主义现代化国家新征程，为完成第二个一百年奋斗目标打下坚实的基础。鉴于党统筹协调群众工作的难度在不断加大，为人民服务的最好方式是通过改进和完善国家治理体系，实现国家治理现代化，通过实施“四个全面”战略，以增强发展的全面性、协调性、可持续性，促进社会的公平正义，让每个人获得发展自我和奉献社会的机会来增进人民福祉，让改革发展成果更多、更公平惠及全体人民。

一、“四个全面”战略布局极大地拓展了人民群众观的实践内涵

没有经济、政治、文化、社会和生态的全面建设，就不可能实现经济发展和社会的全面进步和文明发展，当然也就谈不上人的全面发展。新的历史条件下，以习近平同志为核心的党中央提出“四个全面”战略布局这一治国理政的总方略，深入回答了党在新的历史条件下怎样更好地治国理政这个重大理论和实践课题。“四个全面”战略，抓住了治国理政的关键要素和核心要义，对当代中国社会发展的战略目标、战略重点、主要矛盾进行了系统谋划和顶层设计，抓住了当前

和今后一段时期党和国家各项事业发展必须解决的关键问题。“四个全面”战略蕴含着极其重要的价值追求，内含着鲜明的人民观立场、人民性原则、人民利益思想原理，代表了最广大人民的根本利益，进一步体现了全心全意为人民服务的宗旨，强化了以人民为中心的工作导向，极大地丰富了新时代人民群众观的实践内涵，使我们的实践更加融党性和人民性于一体，进一步将党性和人民性统一起来。“四个全面”更加凸显了当今人类所处的大的历史时代及其阶段性特征，凸显了马克思主义政党区别于其他政党的显著特色，显示了处理复杂问题的科学态度和高超智慧，必将使党为广大人民群众谋利益的事业更上一层楼。

（一）全面建成小康社会，从物质基础层面彻底保障人民群众的全面自由发展

1. 定准科学目标。确立更加适应实践、时代、人民要求的科学目标愿景，是成功推进党和人民事业的前提。根据人类理性发展程度和状态，根据人类历史发展的基本规律、客观进程和发展趋势，也就是根据客观的生产力和生产关系的运动及其发展状态，把握正确的目标，释放发展的活力。全面建成小康社会是党和国家事业发展特定阶段的历史任务，尊重客观规律，遵循先进理论，着眼于“全面”，要求“一个都不能少”，做好各个方面的工作，又更详细地规划厘定将要实现的蓝图，是充分体现中国共产党历史担当和使命追求的战略目标，这一科学目标的确定，是为人民谋福祉的关键性战略举措，否则社会的发展和进步就会受到严重的制约。

全面建成小康社会蕴含着极其重要的价值追求，全面建成小康社会实质上就是广大人民群众对美好生活的向往，从发展动力到发展目的，都有很强的时代性、问题导向性和现实针对性。全面小康社会是一个动态发展的战略目标，是经济更加发展、民主更加健全、科技更加进步、文化更加繁荣、社会更加和谐、人民生活更加殷实、生态环境总体改善、制度更加成熟定型的社会。

“小康”原本是中国古代思想史上的一个概念，后来这一概念被借用来表示中国社会现代化进程中的一个特殊阶段，用以表达发展水平和生活水平的历史方位，特别是以人均国内生产总值来衡量发展水平和生活水平。这个意义的小康，是由邓小平首先提出的，随着中国特色社会主义建设事业的不断深入发展，全面小康的内涵和意义也得到丰富和发展。全面建成小康社会，关键是“全面”，

要解决发展不平衡、不协调、不可持续的问题。全面小康“覆盖的领域要全面,全面小康应是经济建设、政治建设、文化建设、社会建设、生态文明建设五位一体全面发展的小康;覆盖的人口要全面,全面小康应是惠及全体人民、造福全体人民的小康;覆盖的区域要全面,全面小康应是城乡区域共同发展的小康”①,是经济、政治、文化、社会、生态文明全面发展的小康社会,是经济持续健康发展,人民民主不断扩大,中国现代化的程度和水平不断提升,文化软实力显著增强,人民生活水平全面提高,资源节约型、环境友好型社会建设取得重大进展的社会,是为实现中华民族伟大复兴的中国梦奠定坚实基础的小康社会,全面小康的核心就在“全面”,是效率与公平的统一。

从区域来看,全面小康就是要补齐短板,就是要解决区域发展差距所引发的利益矛盾与冲突。从内容上看,全面建成小康社会作为经济社会发展的阶段性标志,这一目标兼顾了人民多层次、多样化需要,即不仅兼顾了人民物质的、经济的需要,也兼顾了人民政治的、社会的、精神文化的需要。全面小康是“五位一体”的全面小康,是经济、政治、文化、社会、生态文明五个方面目标体系不可分割的整体,是“五位一体”的“总体布局”,即“建设社会主义市场经济、社会主义民主政治、社会主义先进文化、社会主义和谐社会、社会主义生态文明”。从发展的角度看,小康社会是从温饱向富裕过渡的阶段,其标准是动态的而不是静态的,是不断发展的而不是固定不变的,但也不是无限提高的。实现这个目标是实现中华民族伟大复兴的中国梦的关键一步。

2. 精准施策——明确的思路与务实的举措。目标已经明确,党的承诺要变为现实,关键就是从顶层设计到“最后一公里”如何实现这一战略目标的政策措施。各地条件不同、资源禀赋不同,我们必须精准施策,这样才能实现国家治理能力的现代化,巩固党的执政根基和人民群众对改革开放的信心。

生产力发展是实现人的全面发展的首要前提和必要条件,是民生领域的重大问题。改革开放以来,我们一直把大力发展经济和不断提高人民的生活水平作为最基本的任务,这其实也是维护人民群众根本利益的最根本的途径。

---

① 杨胜群:《从小康目标的提出到全面建成小康社会》,《求是》2016 年第 14 期。

因为我们已经深刻地意识到，人类生存活动的根本前提是物质资料的生产，经济基础也通常是人们进行各种政治、文化活动的直接动因。要真心真意为人民服务，就必须把改善民众生活放在首位，就必须着眼于全面实现人民的政治、经济、文化和社会权益，逐步提高人民享有各种经济、政治、社会和文化权利的质量，从经济基础上彻底保障人的全面自由发展，给人民以幸福生活和尊严，保障人的幸福追求不落空。满足社会成员对食物、住所、健康、教育的基本需求，是任何社会长久存在的第一前提。“平等应当不仅是表面的，不仅在国家的领域中实行，它还应当是实际的，还应当在社会的、经济的领域中实行。”①马克思主义的权利观认为，权利不是观念的产物，而是经济社会发展的产物，人的权利状况是由其所处的社会经济条件决定的，权利是伴随着经济社会文化的发展而不断扩大和增长的。人民的经济文化权利只有在生产力高度发达、社会物质生活极大丰富的社会，才能获得物质形式和物质条件的切实保障。历史发展中的决定性因素，归根结底是直接生活的生产和再生产。当人们不能使自己的吃喝住穿在质和量方面得到充分供应的时候，人们就根本不能获得解放。

（二）通过全面深化改革，使中国特色社会主义制度更加成熟，使制度优势充分发挥、治理效能更大增进，使解决中国现实问题有了动力来源和根本途径

全面深化改革的总目标是在保持科学社会主义基本原则不动摇的前提下完善和发展中国特色社会主义制度，就是要加快形成一整套适应中国和时代发展进步要求的制度，推动调整生产关系与生产力、上层建筑与经济基础不相适应的方面，进一步解放和发展社会生产力、解放和增强社会活力，更好推进社会主义事业发展。习近平总书记强调：“我们推进国家治理体系和治理能力现代化，要往什么方向走呢？这是一个带有根本性的问题，必须回答好。考虑这个问题，必须完整理解和把握全面深化改革的总目标，这两句话组成的一个整体，即完善和发展中国特色社会主义制度、推进国家治理体系和治理能力现代化。”②

志不改、道不变的坚定并不妨碍“该改的、能改的我们坚决改”。“哪里有不

---

① 《马克思恩格斯选集》（第三卷），人民出版社 1995 年版，第 448 页。

② 中共中央文献研究室编：《习近平关于全面深化改革论述摘编》，中央文献出版社 2014 年版，第 20 页。

符合促进社会公平正义的问题，哪里就需要改革。”目前制度领域还存在一些有待解决和完善的问题，影响人民当家做主的体制性、社会性、观念性障碍仍然存在，人民群众的主体性问题还需要从制度设计、体制安排上着力解决，需要好的制度设计与体制安排在实践中很好地解决。而要解决人民群众的主体性问题，最需要的莫过于成熟稳定、更为科学、更具制约力、立足现实、着眼未来的高效能制度，因为只有形成科学、文明、民主的制度，才能有效激发出人民群众的发展动力，才能彻底改变人民群众的命运，才能确保“两个一百年”奋斗目标和中华民族伟大复兴中国梦的实现，才能确保人民当家作主的实现。也只有具备了这样的制度，才能进一步优化权力结构，制约和规范公权力，科学的管人管事管权，保障人民成为治国理政的主体力量。总之，党和国家事业的发展、人民的幸福安康、社会的和谐稳定、国家的长治久安都需要一套好的成熟定型的制度体系予以保证。

好在我们的社会主义制度具有可改革性和可完善性。社会主义社会是一个不断变革的社会，决定了我们可以通过不断改革，形成一整套更完备、更稳定、更管用的制度体系。正如邓小平曾经指出的：“我们的制度将一天天完善起来，它将吸收我们可以从世界各国吸收的进步因素，成为世界上最好的制度。”①所谓最好的制度，即科学、文明、民主的制度，就是与中国特色社会主义“五位一体”总体布局相适应的、能够保障我们做任何事都能以人民为主体、为中心、为依靠的制度，包括具体的政治体制、经济体制、文化体制、社会管理体制、生态文明体制等方方面面的具体制度及其相应的法律体系。当然，全面深化改革是社会主义方向的改革，是不忘初心的改革，党在坚持基本经济制度上的观点是明确的、一贯的，是全面的、系统的改革和改进，是旨在调动广大人民群众的积极性、主动性和创造性的改革，全面深化改革是“四个全面”战略布局中具有突破性和先导性的关键环节，目的是让我们的实践得以不断突破旧思想、旧观念和旧体制的束缚，让社会主义基本制度的优势主要体现在不断解放和发展社会生产力、不断提高人民群众的生活水平和质量上。

---

① 《邓小平文选》（第二卷），人民出版社 1994 年版，第 337 页。

全面深化改革是一个系统工程。新一届中央领导集体是把全面改革作为一个系统工程来部署和推进的。党的十八届三中全会对全面深化改革进行了总体部署，多次强调增强改革的系统性、整体性、协同性，强调“正确、准确、有序、协调”推进改革，可见全面改革必须立足我国国情和发展实践，着眼于制度的短板聚焦发力。全面深化改革意味着必须科学分析改革的依靠力量、改革对象和改革范围，及时改革那些不适应经济社会发展的制度，适时推进重要领域和关键环节的改革。

1. 重点将以所有制为核心的经济制度层面的改革进行到底，在补齐制度短板上用力，彻底保障人民群众的主体地位。全面深化改革是各方面体制与制度的创新，增强制度的协同性、配套性和耦合性。“当前，制约科学发展的体制机制障碍不少集中在经济领域，经济体制改革任务远远没有完成，经济体制改革的潜力还没有充分释放出来。”①我国经济社会发展面临的形势是严峻复杂的，表现为短期矛盾和长期矛盾叠加、结构性因素和周期性因素并存，全面深化改革的重点是经济体制改革，改革的重点对象和主要内容是基本经济制度，核心是进一步理顺政府和市场的关系。经济领域一些深层次的体制性“瓶颈”依然存在。例如，作为市场经济微观基础的国有经济改革尚未完善，影响着市场经济促进资源优化配置和提高效率作用的充分发挥。公有制为主体、多种所有制共同发展的基本制度需要不断完善，降低经济交易的制度成本。有了文明良好的经济制度保障，一切皆有可能，要深度解放和全面发展社会生产力，全面提升社会生产质量和效率，就要让市场在资源配置中发挥决定性作用，让政府作用有效发挥。

（1）加快经济体制改革，切实保障人民的核心利益。当前人民群众最大、最核心的利益，莫过于生产力的解放和发展，能否解决这一现实的利益问题，关键是经济制度层面的改革能否改革到位，关键是经济制度层面的短板能否补齐，只有解决好经济体制的问题，才能彻底保障人民群众的核心利益，有效保障人民的权利，确保人民过上有尊严的幸福生活，也就是说实现人民群众的利益需要更加

---

① 中共中央文献研究室编：《习近平总书记重要讲话文章选编》，中央文献出版社、党建读物出版社 2016 年版，第 94 页。

强有力的社会经济制度的支撑与保障,需要中国特色社会主义经济制度的更加成熟与完善。就当前而言,确保人民过上有尊严的幸福生活的关键是能不能建立起稳定文明的经济制度,包括健全完善的收入分配制度、可靠可行的社会保障制度。当务之急是扭住经济体制存在的短板,并在补齐短板上用力。

社会主义初级阶段的基本经济制度是在我国改革开放实践中逐步形成的,它的成熟完善同样离不开改革开放。经济领域出现的问题,都需要在公平竞争的政策和制度环境中加以解决,而公平竞争的政策和制度环境又需要通过全面深化改革来解决,比如一系列推进国有企业改革的政策举措,一系列有利于非公有制经济发展的改革方案。

促进公平正义的实现,需要从不断解放和发展社会生产力的角度推进经济体制改革。习近平总书记指出:"全面深化改革必须以促进社会公平正义、增进人民福祉为出发点和落脚点。这是坚持我们党全心全意为人民服务根本宗旨的必然要求。"①既然我们要始终把全心全意为人民服务的根本宗旨作为改革发展的出发点和落脚点,那么我们推进任何一项重大改革,改革现行经济制度中的一系列弊端,归根到底都是为了从制度上保证生产关系与生产力、上层建筑与经济基础相协调,就是要根据各种经济成分并存及其相互作用的现实,选择更好的制度,包括好的所有制实现形式,去坚持社会主义,使社会生产力得到较快的发展,通过更有效的制度安排,让人民群众的发展条件均等化,使全体人民在共建共享发展中有更多的获得感,确保最大限度地实现人民的主体地位和人民的最大利益。我们也只能从这一出发点去把握和处理好涉及改革的重大问题,谋划改革思路、制定改革举措。

(2)重要领域的改革不失时机地推进。当前我国各项改革事业已经进入深水区和攻坚期,必须围绕解决发展面临的突出问题,遵循现代化进程本身的内在逻辑推进改革,坚持全面深化改革,不失时机地深化重要领域的改革,包括行政审批、投资、价格、垄断行业、特许经营、政府购买服务、资本市场、民营银行准入、

---

① 中共中央文献研究室编:《十八大以来重要文献选编》(上),中央文献出版社2014年版,第552页。

对外投资等领域的改革,加快放开电力、电信、交通等竞争性业务,全面放开竞争性领域和竞争性环节的商品和服务价格,带动消费需求增长和相关产业发展,深化要素市场改革,加快形成统一开放、竞争有序的市场体系,提高要素配置效率和激发市场活力。各领域的改革必须相互促进、协同推进、形成合力。当前中国经济发展步入新常态,为了把握和引领新常态,中央提出要创新供给侧,实施供给侧结构性改革。供给侧结构性改革,是事关中国经济社会持续健康发展的一场重要的深刻变革。改革的出发点在供给侧,即通过矫正要素配置的扭曲,提高供给质量,扩大有效供给。科学把握经济增长与经济质量的关系,改革的重点是结构调整,提高供给结构对需求变化的适应性和灵活性。改革本质上是要提高全要素生产率和社会生产力水平,最终目标是更好地满足广大人民群众的需要,实现以人民为中心的经济社会持续健康的发展。

(3)所有制改革是重中之重。习近平说:"坚持和完善公有制为主体、多种所有制经济共同发展的基本经济制度,关系巩固和发展中国特色社会主义制度的重要支柱。"目前全面深化改革要解决的核心问题是如何坚持和完善社会主义基本经济制度,关键是经济体制改革能否在一些重大理论方面取得新的突破,而经济体制改革的深层突破归根到底在于所有制理论的突破(重大系统创新)。这是夺取中国特色社会主义新胜利的关键性战略改革。

习近平总书记指出:"国有资本、集体资本、非公有制资本等交叉持股、相互融合的混合所有制经济,是基本经济制度的重要实现形式。"①积极发展混合所有制,是十八届三中全会的一个重要部署,可以预计,未来我国经济制度变迁的焦点和枢纽,就是坚持和完善中国特色社会主义基本经济制度,探索与市场经济体制兼容的公有制实现形式——这是一种既能保证公有制经济财产权不可侵犯,同时也能保证非公有制经济财产权同样不可侵犯的,能够实现社会公共利益最大化的社会主义所有制实现形式,是一种消除了因所有制差别导致的市场歧视、充分体现公有制经济和非公有制经济都是社会主义市场经济重要组成部分这一

① 中共中央文献研究室编:《习近平关于全面深化改革论述摘编》,中央文献出版社 2014 年版,第 58 页。

核心要义的所有制实现形式。这是确保毫不动摇地巩固和发展公有制经济，毫不动摇地鼓励、支持、引导非公有制经济发展的重大制度创新。

当前，我们对社会主义所有制及其实现形式问题的认识有了质的飞跃，在所有制问题上重新确立了唯物史观，或者重新回归到马克思主义的唯物史观，形成了由生产力发展水平及生产力发展的客观要求决定所有制关系的思想，确立了评价所有制的生产力标准，基本克服了所有制问题上的唯生产关系论和唯意志论，认识到公有制可以有多种实现形式，所有权和经营权可以分离，中共十六届三中全会进一步提出“使股份制成为公有制的主要实现形式”，意味着对公有制实现形式的探索又向前迈出了新步伐，极大提升了我们对公有制与市场经济结合形式、途径的认识。中共十八届三中全会通过的《关于全面深化改革若干重大问题的决定》，明确了“混合所有制是我国基本经济制度的重要实现形式”，提出“要积极发展混合所有制经济”，这样，公有资本、集体资本、非公有资本的交叉持股、相互融合的混合所有制经济，就成为我国基本经济制度的重要实现形式，把我们对混合所有制经济的认识提升到基本经济制度重要实现形式的高度，从原来允许不同所有制资本“参股”到强调它们之间的“交叉持股、相互融合”，同时允许混合所有制经济实行企业员工持股，形成资本所有者和劳动者利益共同体。这就充分肯定了混合所有制经济存在的合法性，不但为非公有制经济的发展提供了广阔空间，而且有利于国有资本的功能放大、保值增值以及竞争力的提高，是新形势下坚持和完善社会主义基本经济制度、促进经济社会健康发展的正确选择。

依据现实的经济利益关系，始终根据现实生产力的最新发展，即以社会分工为基础的社会化大生产来研究生产关系的时代特征，紧密联系生产力发展的实际状况，探索与此相适应的所有制的结构与形式。通过公有制解放和发展生产力，为社会创造更多的财富以改善所有人的生存状况。真正的公有制无疑是人民所需要的，因为搞公有制的本意是要消除任何人凭借对生产资料的占有无偿占有他人剩余劳动成果的可能性，保证所有劳动者既是生产资料的共同主人，同时又是劳动力的提供者，能实现劳动成果按劳分配、资源优化配置和社会福利最大化，真正体现全民性的利益分享、社会性的责任承担。任何一种所有制，它所要解决的不仅是生产资料的名义归属问题，还要实际解决生产资料如何占有、使用、支配和收益等一系列具体问题。

如今我们面临的重大现实问题，其实不是要不要坚持公有制的问题，而是在现有的物质条件下，在现有的政治制度框架内，如何深入挖掘公有制的制度潜力，建立起真正的公有制的问题；是如何建立起完全出于经济发展内在需要的公有制，如何创造条件把公有制落实到法律的产权制度上，把形式上的公有制，转变为实质的公有制，让公有制真正成为人民共同富裕的基本手段和途径，让公共财产真正为民所有、为民所用、为民所享，让公有财产的全民性得到切实落实的问题。

当前首要的是，毫不动摇地坚持党在社会主义初级阶段的基本路线和基本纲领。这是实现和维护人民群众切身利益的根本保证，是人民群众根本利益和意志的体现。当代中国共产党人要实现好、维护好、发展好最广大人民群众的切身利益，最根本的是要全身心地投入到建设中国特色社会主义的伟大事业中去，全身心地投入到改革开放和社会主义现代化建设中去，实现基本路线的要求，实现基本纲领的各项目标，实现中华民族的全面振兴。这是全国各族人民在社会主义初级阶段的最大利益，是当代中国共产党人实践马克思主义群众观点的时代要求。

冲破思想观念的障碍，破除体制机制的弊端，突破利益固化的藩篱，切实解决好国家治理现代化的问题，确保中国特色社会主义顺利开拓前进。全面深化改革必须紧紧围绕构建适应新的发展目标要求的发展新体制来展开和实施，以破除一切不利于科学发展的体制机制障碍，确保经济社会发展沿着正确的轨道和既定的目标要求稳定前进。完善和发展中国特色社会主义制度，强调要坚持和完善社会主义基本经济制度，毫不动摇巩固和发展公有制经济，毫不动摇鼓励、支持、引导非公有制经济发展，推动各种所有制取长补短、互相促进、共同发展，同时公有制主体地位不能动摇，国有经济主导作用不能动摇，这是保证我国各族人民共享发展成果的制度保证，也是巩固党的执政地位，坚持我国社会主义制度的重要保证，要坚持和完善社会主义分配制度，努力推动居民收入增长和经济增长同步、劳动报酬提高和劳动生产率提高同步，不断健全体制机制和具体政策，调整国民收入分配格局，坚持增加城乡居民收入，不断缩小收入差距。

中央提出供给侧结构性改革的方针，有效推动了“大众创业、万众创新”，这是经济结构调整的重大举措。“互联网＋”抓住了未来现代产业的发展方向，为行业结构调整和产业改造升级指明了方向。这个战略是在准确把握大势的基础上，坚持问题导向思维，为各领域进行横向整合，为经济新常态下的产业升级改造提出了一条新路径。

（4）发挥好市场在资源配置中的决定性作用。市场是现代社会配置资源的基本方式，市场经济与公平的市场竞争是最有效率的制度安排，是我国改革开放以来发展经济的基本途径。从十一届三中全会至今，我们对市场功能的认识有一个逐步提高的过程。习近平同志指出：“提出建立社会主义市场经济体制的改革目标，是我们党在建设中国特色社会主义进程中的一个重大理论和实践创新，解决了世界上其他社会主义国家长期没有解决的一个重大问题。”[①]十八届三中全会提出的“使市场在资源配置中起决定性作用”，这是理论上自觉认识和更好遵循经济发展规律的重要前进和突破。

在市场作用和政府作用的问题上，要讲辩证法、两点论，“看不见的手”和“看得见的手”都要用好，政府“有形之手”和市场“无形之手”形成合力，这样正确处理政府和市场的关系，才可能获得社会主义的公平与市场经济的效率，才能解决人民日益增长的美好生活需要和不平衡不充分的发展之间的矛盾。

发挥市场的决定性作用，必须将法治政府建设作为最大着力点，建设职能科学、权责法定、执法严明、公开公正、廉洁高效、守法诚信的法治政府，发挥引导、监督和服务的作用，以优化市场营商环境。准确界定政府与市场的边界，强化市场运行法治，减少政策不确定性带来的风险。始终把简政放权、深化行政审批制度改革放在突出地位，继续深化行政审批制度改革，实施负面清单管理模式，破除束缚创新发展的体制机制障碍，减少政府对市场的不合理干预，平等对待所有经济，减少财产的非经济性流动。简政放权是要把本来属于市场、公众、企业、社

---

① 中共中央宣传部编：《习近平总书记系列重要讲话读本》，人民出版社、学习出版社2014年版，第44页。

会组织和地方政府的权力交出去,充分尊重它们的权利和发挥它们的应有作用,最大限度地增进经济社会发展活力、创造力和运行效率。

资本的潜力和市场机制的潜力需要进一步挖掘利用。利用好驾驭好资本是新的历史条件下的人民群众的新期待。资本无疑具有文明性和进步性,“资产阶级在它的不到一百年的阶级统治中所创造的生产力,比过去一切世代创造的全部生产力还要多,还要大”①。类似的描述,也见诸《资本论》:“资本的文明面之一是,它榨取这种剩余劳动的方式和条件,同以前的奴隶制、农奴制等形式相比,都更有利于生产力的发展,有利于社会关系的发展,有利于更高级的新形态的各种要素的创造。”②当前存在的突出问题是市场经济本身还不够完善,市场秩序不规范。在开放环境中进行的社会主义事业,必然面对这样一种客观情势。在充分市场竞争的条件下由市场自动配置资源,其优势在于能够自动引导、实现资源流动与配置的合理化,充分利用全球的物质和精神资源,实现世界范围内资源的高效利用与生产力的快速提升,有利于发挥劳动以及资本、技术、管理、信息、劳动力等生产要素的积极性,有利于解放和发展生产力,也容易在分配领域体现出利益的差别化。从人类已有的历史经验看,资产阶级曾经充分地利用这种体制创造文明,市场经济给包括中国人民在内的所有人带来了前所未有的经济、社会自由,激发了亿万人民的积极性、主动性和创造性。

应当尊重、保护人们通过合法途径创造财富的愿望,通过社会主义制度自我完善和发展最大限度地调动人们创业的积极性。目前,人类也只有更加自觉地、更加有效地利用市场经济,才能很好地调动和使用其资源,将有限的人、财、物以最优方式配置到社会生产的各个领域,才可能避免失误概率较高的个人决策,避免因资源配置不合理造成的巨量损失浪费,才可以带来人民权利的开放和保障,带来财富的增长和公平正义。在共产党执政的前提下,实行同社会主义基本经济制度相结合的市场经济,加上政府的战略规划能力及执行能力,不会改变社会主义经济制度的性质,不过,要把社会主义与市场经济有机结合起来,探索公有

---

① 《马克思恩格斯选集》(第一卷),人民出版社 1995 年版,第 277 页。

② 马克思:《资本论》(第三卷),人民出版社 2004 年版,第 927—928 页。

制的有效实现形式，还是一个超级难题和伟大创举。

不能把发展中的问题归咎于市场体制取向的改革。当前，有人将社会发展中出现的一些问题，比如，贫富差距扩大、生态环境破坏严重、腐败盛行、社会道德滑坡等问题，归咎于市场体制取向的改革，误以为这些问题是市场经济所蕴含的内在逻辑造成的。其实，许多问题发生的根源不在于以市场经济为取向的改革，相反，许多问题，如资本占有劳动的问题恰恰是由于市场体制改革不到位，生产要素的市场化程度和市场发育程度不够而引致滋生出来的，使得统一、开放、竞争、有序、完善的现代市场体系迟迟不能形成，侵蚀、扭曲了市场机制，使得好多事不能按市场经济规律办理。

这些问题的出现不能归咎于市场体制取向的改革，与市场经济没有必然的联系。市场经济本质上是信用经济，不是无序经济；是法制经济，不是腐败经济。假如，市场真正成为资源配置的决定性机制，各行为主体能循市场经济之规，按市场经济规律办事成为各经济主体的行为准则，国家能够健全市场法制体系，切实保护各种所有制经济产权和合法利益，产权成为所有制的核心，微观经济主体的利益边界有了清晰界定，各经济主体在市场经济中必然具有自我激励、约束、协调等功能，假如我们建立健全归属清晰、权责明确、保护严格、流转顺畅的现代产权制度，我们的市场经济发展的客观基础就会好得多，上述问题也许就能避免，因为“市场经济的发展必然要求市场规则的遵守和道德的自律，生产力水平的提高必然要求社会整体日益追求公平、正义，要求道德水平提高”①。

所幸中国共产党逐步深化了对社会主义市场经济的认识，坚持和完善中国特色社会主义基本经济制度，并在此基础上通过对自身组织的调适来适应国家社会关系的新变化，调整政府与市场的关系，以组织革新来增强组织活力。经过党的精心探索，基本解决了社会主义怎么搞市场经济的问题，认识到“市场决定资源配置是市场经济的一般规律，市场经济本质上就是市场决定资源配置的经济。健全社会主义市场经济体制必须遵循这条规律”②，把市场在资源配置中的

---

① 叶小文：《搞“市场经济”，并非搞“市场社会”》，《北京日报》2014 年 4 月 14 日。
② 《中国共产党第十八届中央委员会第三次全体会议文件汇编》，人民出版社 2013 年版，第 95 页。

基础性作用提升为“决定性作用”，要求从广度和深度上推进市场化改革，释放市场活力，以实现经济效益最大化和效率最优化。这种制度安排意味着要重新厘定政府与市场的合理边界，其经济职能重点将放在调节市场上，做市场活动的裁判和监管者。市场主体主要靠市场引导，资源的合理优化配置更多地通过市场规则、市场价格、市场竞争来实现，这就极大地丰富和深化了社会主义基本经济制度的内涵，要求我们的政府提供“法无禁止即可行”的营商环境，营造出一个“充分竞争、公平有序”的市场环境，营造出一个保护各类所有制经济产权和知识产权的法律环境，为我们党更好地贯彻落实群众路线，更好地为人民服务提供强大的动力和制度保障，为破除影响经济社会发展的体制机制障碍奠定了坚实的制度基础。

2. 在改革发展的成效检验上，始终坚持真正让人民来评判我们的工作。必须把是否给人民群众带来实实在在的获得感作为改革成效的评价标准。人民是发展的实践主体，是推动发展的根本力量，人民是发展的价值主体，我们党的执政水平和执政成效都不是由自己说了算，必须而且只能由人民来评判。人民是我们党的工作的最高裁决者和最终评判者。如果自诩高明、脱离了人民，或者凌驾于人民之上，就必将为人民所抛弃。任何政党都是如此，这是历史发展的铁律，古今中外概莫能外。以人为本，执政为民，是检验党一切执政活动的最高标准。检验我们一切工作的成效，最终都要看人民是否真正得到了实惠，人民生活是否真正得到了改善，人民权益是否真正得到了保障。任何时候都要把人民利益放在第一位，始终与人民心连心、同呼吸、共命运，始终依靠人民推动历史前进。坚持实干富民、实干兴邦，敢于开拓、勇于担当，多干让人民满意的好事实事。我们要珍惜人民给予的权力，用好人民给予的权力，自觉让人民监督权力，紧紧依靠人民创造历史伟业，使我们党的根基永远坚如磐石。

总而言之，凝聚全社会的改革动力全面深化改革，是习近平总书记治国理政思想的一条主线，也是贯彻群众路线的一个重要抓手。从十八大提出全面深化改革开放的目标，到十八届三中全会做出全面深化改革的战略部署，进而在十八届四中全会提出运用法治思维和法治方式深化改革，再到后来将全面深化改革列入“四个全面”战略布局，以习近平同志为核心的党中央始终把改革摆在十分重要的位置，改革的目标明确，改革的路径清晰，改革的部署系统，改革的决心坚定，改革将成为我们前进的关键驱动力。

（三）全面依法治国，从法律层面彻底保障人民群众的基本权利

1. 把法律作为治国重器，树立法治权威，破除法外特权，规范、管住权力，是实现人民权利的必要保障。随着执政党对法律和法治认识的不断进步，全面依法治国成为我们国家管理国家和社会事务、管理经济和文化事业的重要方式，标志着国家治理与社会管理方式的历史性转型。全面依法治国意味着未来的治国理政更科学、更有效，意味着良法善治必将成为现实。科学立法、严格执法、公正司法、全民守法的法治中国建设，将为国家政治稳定、社会和谐、经济发展、文化繁荣、人民安康提供更为坚实的保障，社会主义民主更加制度化、法律化，国家和社会生活各方面进一步纳入法治化、规范化的轨道，办事依法、遇事找法、解决问题靠法的法治原则得到进一步的贯彻落实，党和国家的活力进一步增强，国家治理中的各种难题将通过法治思维、法治方式来破解，国家治理绩效有效提升，人民群众的权益必将得到法治武器的有力捍卫。

"法的关系正像国家的形式一样，既不能从它们本身来理解，也不能从所谓人类精神的一般发展来理解，相反，它们根源于物质的生活关系"①，中国现阶段的基本国情和社会经济发展水平决定了"在法治层面，社会主要矛盾体现为人民群众对法治建设的期待与法治建设发展尚不平衡不充分的现状存在一定的差距"②。"每一种法治形态背后都有一套政治理论，每一种法治模式当中都有一种政治逻辑，每一条法治道路底下都有一种政治立场。我们要坚持的中国特色社会主义法治道路，本质上是中国特色社会主义道路在法治领域的具体体现；我们要发展的中国特色社会主义法治理论，本质上是中国特色社会主义理论体系在法治问题上的理论。"③习近平总书记把法治提到了一个前所未有的战略地位和政治高度来认识，高度重视法律制度在治国理政中的重要作用，反复强调依法

---

① 《马克思恩格斯选集》（第二卷），人民出版社 1995 年版，第 32 页。

② 王利明：《新时代中国法治建设的基本问题》，《中国社会科学》2018 年第 1 期。

③ 中共中央文献研究室编：《关于协调推进四个全面战略布局论述摘编》，中央文献出版社 2015 年版，第 114—115 页。

治国是实现人民当家作主的基本途径，是保证实现人民当家作主的有效方式，强调要靠法治解决各种社会矛盾和问题，主张宪法和法律得到更好实施和遵从，即办事依法、遇事找法、解决问题用法、化解矛盾靠法，运用法治思维和法治方式治国理政，以公正、高效、便民的司法更好地维护人民群众的切身利益。这就要求我们处理好法治与党的领导关系。习近平在首都各界纪念现行宪法公布施行三十周年大会上指出："依法治国是党领导人民治理国家的基本方略，法治是治国理政的基本方式，要更加注重发挥法治在国家治理和社会管理中的重要作用，全面推进依法治国，加快建设社会主义法治国家。"这就是说要靠法治之力实现政治清明、文化昌盛、社会公正、生态良好，治国理政必须纳入法治化轨道，依法治国作为治理国家的基本方略、基本方式，在全局中的地位更加突出，更加不可或缺。他基于党和国家长治久安的长远考虑，全面推进科学立法、严格执法、公正司法、全民守法，致力于法治国家、法治政府和法治社会的建设。

要坚决杜绝以言代法、以权压法。面对极其复杂的矛盾和问题，立党为公、执政为民的本质，全心全意为人民服务的根本宗旨，都需要法治为根本保障。仅仅解决立法问题还不够，还必须从执法、守法等环节，运用法治推动执政党系统正常运转和整体效能的发挥。各级党组织和党员领导干部要带头厉行法治，不断提高依法执政能力和水平，不断推进各项治国理政活动的制度化、法律化，为全面依法治国提供有力的政治和组织保障。在中央政法工作会议上，习近平再次强调："党既领导人民制定宪法法律，也领导人民执行宪法法律，党自身必须在宪法法律范围内活动，做到党领导立法、保证执法、带头守法。"为人民群众服务的最佳途径就是把依法治国方略真正落到实处。全面依法治国把执政依靠人民以法治形式深深嵌入国家治理体系，关键在于把法律作为治国重器，立法治权威、破法外特权，规范权力、管住权力。法治作为各项权利的载体，要义在于确立法律的最高权威，在保障人民权利方面肯定是优于人治的。因为在人治社会，保障人民权利只能靠政治清明，依靠权力行使者的道德品质，但从长远看，这是不可持续、靠不住的，完全依靠个人能力来保护多数公民的合法权益、治理社会，存在着巨大风险。法律面前人人平等，就是要将所有的社会成员，包括统治者都纳入法所适用和约束的范围，不允许个人、团体或组织享有超越或游离法律之上、之外的特权，是人类权利实现的必要保障。法律的严格执行也是权利保障不可或缺的内容。

坚定不移全面推进依法治国。党的十八届四中全会对全面推进依法治国做了全面部署，涵盖依法治国各个方面。加快建设中国特色社会主义法治体系，坚持依法治国、依法执政、依法行政共同推进，坚持法治国家、法治政府、法治社会一体建设。全面依法治国，是夺取中国特色社会主义新胜利的关键性战略举措。法律是治国之重器，良法是善治之前提。依法治国是坚持和发展中国特色社会主义的本质要求，是实现国家治理体系和治理能力现代化的必然要求，是谋求国家长治久安的重要保障。

2. 用法治保障人民的生存权和发展权，把改善民众权利放在首位。民主政治的一个基本内涵是保障人民权利，运用法治思维和法治方式维护人民的合法权益。社会主义国家的法律必须以优先保障人民的生存权和发展权为基点，把改善民众权利放在首位，优化法治环境，确保中国现代化程度和水平的全面提升，切实为人民权利的发展和扩大创造条件，为保障人民的基本权利提供法律保障。历史启示我们，要想有效保护人民群众的权益，首先要保证人民群众的法定基本权利不受侵犯，尊重人民群众的利益诉求，尊重人民群众的个人的利益、自由与独立人格。马克思指出："任何一种所谓的人权都没有超出利己的人，没有超出作为市民社会成员的人，即没有超出封闭于自身、封闭于自己的私人利益和自己的私人任意行为、脱离共同体的个体。"①

现代社会是一个追求科学、民主、法治的社会，步入"互联网 +"时代尤其如此。人民的公民权利，包括了经济、社会和文化权利，其中生存权和发展权是首要的基本权利。"没有权利就不可能存在任何人类社会。"②人民权利的实现与一定历史阶段的经济、政治、文化、社会的发展是互为因果的。人民权利是社会的，权利不仅需要以宪法和法律的形式确认肯定下来，更重要的是，权利必须以经济、政治、文化、社会的发展作为自己实现的切实保障。实现保障人民权利就

---

① 《马克思恩格斯文集》（第一卷），人民出版社 2009 年版，第 42 页。

② ［英］米尔恩著，夏勇译：《人的权利与人的多样性——人权哲学》，中国大百科全书出版社 1995 年版，第 154 页。

是要创造各种必须条件，包括消除阻碍人的全面自由发展和人类彻底解放的各种因素。要有效保护人民的权益，就必须在党的领导、人民当家作主和依法治国的有机统一方面寻找新方式、新途径，在推进社会主义民主的制度化、规范化和程序化方面探索新举措。现在世界上几乎没有哪一个政党不标榜自己所信奉推行的民主是代表人民利益的，但正如我们判断一个人不能只根据他对自己的看法一样，判断一种制度、一个政党也不能只看其字面含义、其自己的表述。“中国共产党的作用就表现在为人民服务、为人民谋取利益上：为人民服务和谋取利益多，作用就大；为人民服务和谋取利益少，作用就小；不为人民服务和谋取利益，就没有作用；违背为人民服务、违背人民利益，就是忘记了我们党的初心。”①

尽管对于民主发展质量，现在还没有一个举世公认的通用衡量标准，但并不等于民主发展的质量是无法判断的，判断社会主义政治民主究竟发展得怎样，既要看它所奉行的理论、纲领是不是符合马克思主义民主理论的核心要义，更主要的是要看其在社会主义民主的具体实践中，它的具体组织形式、机构、机制、操作规则等，究竟能在多大程度上保障社会主义民主本质的真正实现，看它是不是真正把人民当作主体，看它能在多大程度上保障劳动人民成为国家和社会的主人，成为自己命运的主人。从社会主义政治民主的具体组织形式、机构、机制、操作等层面来看，现实社会主义的民主实践所要解决的首要问题，就是民主由理论形态向实践形态转化的中间环节，人民主体地位贯彻落实的舞台，即社会主义民主的具体实践路径问题，包括政治民主的制度、运行规则、规范、程序等。从理论上看，民主有实质民主和程序民主。人民所需要的是实质民主，实质民主是一种政治状态，在这种状态下，个人的权利得到了最充分的保障。这种实质民主当然也离不开程序民主的支撑，实质民主必然是有一定的过程和程序形式的，人民的自由、平等权利只有在这种过程或程序中才能实现。从程序意义上看，民主只是一种政治方法，即“那种为做出政治决定而实行的制度安排”。② 习近平总书记指出：“评价一个国家政治制度是不是民主的、有效的，主要看国家领导层能否依法

① 杨胜群：《遵循人民的方向：全面从严治党之本》，《人民日报》2016年7月22日。

② ［美］约瑟夫·熊彼特著，吴良健译：《资本主义、社会主义与民主》，商务印书馆1999年版，第395—396页。

有序更替，全体人民能否依法管理国家事务和社会事务、管理经济和文化事业，人民群众能否畅通表达利益要求，社会各方面能否有效参与国家政治生活，国家决策能否实现科学化、民主化，各方面人才能否通过公平竞争进入国家领导和管理体系，执政党能否依照宪法法律规定实现对国家事务的领导，权力运用能否得到有效制约和监督。"[①]衡量某一政治体制是否民主的主要标准，是看人民应该享有的那些基本政治权利，究竟是真实的还是虚拟的；人民的代表是否为真正公意的产物，是否经过真实的选举，有选举权和被选举权的人，是否能自由真实地表达意愿，是否有充分机会和便利条件履行职责，并依此而判定人民的民主权利是否为理性真实与事实真实的统一。

党的十八大以来，我们不断进行实践探索与经验总结，对待民主实践问题，在理论上非常清醒和坚定，从理论高度重新定位民主与社会主义的关系，从生命攸关的角度充分认识到"人民民主是社会主义的生命"[②]。在实践中，我们正在坚持国家一切权力属于人民，根据国家的基本国情和未来发展的要求，选择自己的政治发展道路，不断开创社会主义民主发展的新境界。我们逐步认识到现代社会的民主有多种表现形式，正式确认政治民主，不仅有选举民主，还有协商民主[③]，而且协商民主是民主政治的一种重要形式，此外还有政治公共领域的话语民主等。人民民主是社会主义政治文明的核心价值，是中国特色社会主义政治发展的根本道路，是中国共产党始终高扬的光辉旗帜。广泛的人民民主是全面小康社会的重要内容。政治建设的主要任务是建立和完善民主制度，切实保障广大人民的民主权利，使民主意愿真实表达、民主形式丰富有效、民主参与积极有序，人民真正当家作主。在健全法制的前提下，要更加注重法治，遵守宪法和法律，依法治国，依法行政，维护司法权威和公正。

3. 用法治确保政府的"善政"和"善治"。运用法治手段确保政府职能改革到位，科学勘定和划分政府、社会与市场各自作用的边界。要有效保障人民的权

---

① 习近平：《在庆祝全国人民代表大会成立60周年大会上的讲话》，《人民日报》2014年9月6日。

② 《中国共产党第十七次全国代表大会文件汇编》，人民出版社2007年版，第27页。

③ 国务院新闻办于2007年11月15日发布的《中国的政党制度》白皮书，第一次提出协商民主，指出："选举民主与协商民主相结合，是中国社会主义民主的一大特点。"

利，就必须科学界定公共权力的边界，合理配置公共权力，让公共权力在法治下规范运行，以确保市场机制能够有效调节。政府和市场的关系纳入法治化轨道，政府依法行政，企业依法经营，在法治化、市场化和国际化前提下实现经营便利化。政府要为市场主体营造一个公平竞争的环境，公平公正的法治环境，诚实守信的信用环境与安全和谐的社会环境，提供一个公平竞争的平台，依法监管各种所有制经济，使各类生产要素可以在一个公平竞争的环境和平台上合法流动、重组与融合，各种所有制经济产权得到清晰界定和有效保护，这是一种能充分发挥市场作用的、能保证各种所有制经济依法平等使用资本、技术、信息、知识等生产要素的体制机制。这意味着市场主体利益的实现和诉求的满足，要通过公平公正公开的市场竞争来实现，市场主体的创业激情与创新活力的激发主要通过健全成熟的制度规则途径来实现与发展，市场主体的活力主要靠成熟的机制来激发。人民群众已从当前的整改措施中看到了希望，正从以下几个方面着手解决问题。

一是机构编制管理正在实现科学化、规范化、法制化。政府部门的职责权限正在被清晰界定、合理划分，政府职能也在不断调整，行政资源日益得到优化配置，职责进一步明确，这对于提高效率，降低成本，实现公共治理的廉洁高效有现实意义。

二是创新决策机制，实现决策的科学化、民主化和法治化。决策是政府管理的核心环节。政府公共服务决策是否符合实际，符合人民群众最迫切和多样化的需求，直接关系公共服务的效能。为防止和避免政府决策脱离实际、脱离群众，必须创新公共服务决策机制，在公共服务决策中，实行公示制、听证制和专家论证制，广泛听取人民群众和专家的意见。与此同时，还要不断总结经验，将一些成熟的行之有效的公共服务决策程序上升为法律法规，实现公共服务决策的规范化、法治化。

三是加快体制改革，科学划定政府管理范围。好政府和坏政府的分界点就在于它是否服务公共利益，对政府作用的范围和权力加以科学限定，深化行政审批制度改革和大力推行权力清单、责任清单、负面清单制度并实行动态管理。

四是推进各级政府事权规范化、法律化。通过完善立法，明确事权，职权法定，严格依法办事，防止权力滥用。权限、内容、手段、程序合法，自觉做到有法可依、有法必依、执法必严、违法必究。大力推进权力清单制定工作，将权力关进制度的笼子里，保证权力在阳光下运行。

（四）全面从严治党，是维护人民群众利益的关键性战略保障

勇于自我革命，是我们党最鲜明的品格，也是我们党最大的优势。“从严治党”发展到“全面从严治党”，关键点是“全面”解决党自身存在的一系列突出问题，恢复和提升党自我净化、自我完善、自我革新、自我提高能力，保持党的先进性，提高党的执政能力。习近平总书记认为办好中国的事情，关键在党，“打铁还需自身硬”，“自身硬”，才能“打好铁”，才能治国理政有方有效，才能确保决策过程和政策内容更能体现人民的整体和长远利益，人民事业就大有希望。必须在更高层次、更宽领域、更深程度做出明确的顶层设计和制度安排，推进党的建设，这是实现中国梦和“两个一百年”奋斗目标，实现国家的强盛和人民幸福的最关键的一招——这是根基工程、中枢工程。只有全面从严治党，确保党始终成为中国特色社会主义事业的坚强领导核心，才能保证我们始终沿着正确的方向推进，保证我们在根本性问题上不出现颠覆性错误。

现在，我们已站在一个新的历史起点，开启了新的奋斗征程，在中国特色社会主义道路上实现“两个一百年”奋斗目标合乎潮流、顺应人心，中国与世界的前途命运空前紧密地联系在一起，实现中华民族伟大复兴的中国梦，不知还要爬多少坡、过多少坎、经历多少风风雨雨、克服多少艰难险阻。克服这些险阻，整合和凝聚全民族的力量需要政党强大的领导力量。党在新形势下实践活动的总概括就是治国理政，国家治理成效如何，取决于我们党的执政能力和领导水平。

治党与治国有机统一，良性互动，治国必先治党。执政兴国完成执政使命，要从解决党自身存在的突出矛盾和问题做起，从提高执政能力做起。习近平同志深刻指出：“我们的党员、干部队伍庞大，管理起来难度很大，但又必须管好，管不好就会出乱子。我们国家要出问题主要出在共产党内，我们党要出问题主要出在干部身上。”党通过治国完成自己的历史使命，完成光荣艰巨的历史使命，战胜前进道路上的风险挑战，从根本上讲还是要靠党的领导、靠党把好方向盘，要求党适应新的情况，迎接新的挑战，创造新的思想。全面从严治党有很强的现实

针对性,是针对我们党面临“四种危险”这一问题而被强调的,最终是要把党建设成为真正让人民放心的党、让人民满意的党、让人民可以依赖的党。

全面从严治党是治国理政的重中之重,一个主要目标是提高党科学执政、民主执政、依法执政的水平,力除积弊,扶正祛邪,提高国家机构的履职能力,重塑有信仰、懂规矩、守纪律、讲廉洁的中国政治新生态。中国社会系统的正常运转、社会秩序的有效维护,一些有违改革初衷、未曾料到的新问题,需要治理能力的现代化,需要国家机构、官员素质的现代化,而这一切“关键在党,关键在人”。党是中国特色社会主义发展的控制系统、控制系统,亦即中枢系统。“打铁还需自身硬”,能否全面从严治党,直接关系到中国特色社会主义能否在新的起点上胜利开拓前进。

党的十八大以来,我们党坚持思想建设、组织建设、作风建设、反腐倡廉建设、制度建设“五位一体”推进,在改革和完善党的领导方式与执政方式上下功夫,从思想建党和制度治党两个方面采取有效的从严措施,坚持把思想建党和制度治党有机统一。一是加强以坚定理想信念为核心内容的思想政治建设,以理想信念教育补足党员干部精神上的“钙”,筑牢信仰之基。二是加强以遵守八项规定、践行群众路线为主要路径的作风建设,以踏石留印、抓铁有痕的劲头开展党的群众路线教育实践活动。三是加强以坚持民主集中制、严格党内政治生活为基本准则的组织建设。四是加强以“老虎苍蝇一起打”为主要抓手的反腐倡廉建设。五是加强“把权力关进制度的笼子里”为根本保障的制度建设。党的各项建设上升到制度层面,用规范、严格的党内制度治党、治吏。解决中国的问题关键在党,全面从严治党,不仅关系中国共产党这一“中枢”机体的健全与命运,更关系中国特色社会主义事业的兴衰成败。全面从严治党是维护人民群众利益的关键性战略保障。

1. 首重思想建党把党性和人民性统一起来,坚守以人民为中心的根本原则。“思想建党”这一核心内容是全面从严治党思路中非常重要的一环。对马克思主义基本理论和社会理想的深刻认识和坚定信念,是支撑党存在和发展的根本,党要保持为理想而奋斗的精神和对人民的赤子之心,就必须彻底解决共产党人的精神补“钙”问题。习近平总书记深刻指出:“党性和人民性从来都是一致的、统一的。”党性是党的先进性、纯洁性，政党内在的特殊规定性，即一个党区别于一切非党组织、区别于其他一切政党的特性，党性是无产阶级政党固有的本质属性，是党的生命所在、力量所系。党性使党始终能站在时代和历史潮流的前列，始终成为全国人民的主心骨。党性使党有资格代表人民群众的根本利益，使党代表最广大人民群众的根本利益。党性与人民的本质属性统一起来，党性集中体现了人民性，党性契合了人民性的根本价值诉求，党才有资格代表最广大人民的根本利益。党的先进性和纯洁性与人民事业发展息息相关，只有通过全面保持和发展党的先进性、纯洁性，坚持党性和人民性的统一，切实解决好“为了谁、依靠谁、我是谁”这个根本问题，才能坚持对党负责和对人民负责的一致性。

一是进一步解决代表人民的资格问题。马克思十分深刻地指出：“历史活动是群众的事业，随着历史活动的深入，必将是群众队伍的扩大。”共产党之所以成为工人阶级和人民大众的先锋队，共产党的党性之所以是人民性的精华表现，归根到底是历史的选择和人民的选择。究竟谁能真正代表最广大人民的利益？代表公共利益和公共意志。利益本来与个人不可分，理性的个人知道自己的利益是什么、在哪里，比他人更知道怎样去实现自己的利益。基层干部队伍建设仍然存在“本领恐慌”，即“新办法不会用，老办法不管用，硬办法不敢用，软办法不顶用”，联系群众动力不足等突出问题，少知而迷、不知而盲、无知而乱危及党的执政资格。

新的突破口定格在切实解决自身存在的突出问题，核心问题是党的执政能力建设这个中枢工程，首要解决的是“立党为公、执政为民”的资格和本领问题，党的领导能力和执政能力是“看家本领”，科学执政、民主执政、依法执政水平也是“看家本领”，战略思维能力、领导谋划和推动落实改革能力、开拓创新能力、知人善任能力、应对风险能力、维护稳定能力，也是“看家本领”，所谓“三严三实”“四讲四有”都在着眼于执政能力和领导水平的整体提升，与党的使命、宗旨、任务相适应。

“全党同志特别是各级领导干部，都要有本领不够的危机感，都要努力增强本领，都要一刻不停地增强本领。”[①]在当下中国，真正能够代表人民的，是那些对人民无限忠诚且富于自我牺牲精神的人，自觉构筑拒腐防变思想防线的人，全心全意为人民谋利益，把人民群众的个体利益和集体利益、局部利益和整体利益、眼前利益和长远利益统一起来的人，不是那些在口头上高喊人民性、宣称“为民代言”“为民请命”，实际上打着个人和小团体算盘的各式人等，是顺应历史潮流，团结带领中国人民在历史正轨上奋斗前进的中国共产党。

二是解决如何有能力代表人民的问题。全面从严治党体现了以习近平同志为核心的党中央遵循共产党执政规律、党的建设规律，把执政党建设的理论和实践提高到了新的水平。共产党执政规律，是处于执政地位的共产党活动和建设的规律，包括执政理念、执政方式、执政基础等，这是执政的共产党自觉能动地开展活动和从事自身建设的依据。中国共产党的执政规律是在自身建设和领导国家、社会活动中展开和实现的，主要表现在执政理念、执政宗旨、执政任务、执政能力、执政途径、执政规范、执政保障等方面。

三是解决权力来源问题。对权力本质认识的高度自觉和清醒，是坚持群众观点、落实群众路线的前提，全面从严治党就是要进一步通过制度安排来解决权力的基本布局问题，解决权力从哪里来、权力为了什么的问题。从理论上看，权力的来源问题似乎不成为问题，但在实际生活中，权力是不是真正来自人民群众，还很难说，还需要从实践上好好解决。保持宗旨意识，就必须正确认识和对待手中的权力，认识党的权力的来源和基础，明确人民是治国理政实践的评价主体。

由于体制、传统观念等多种原因的影响，仍然存在背离群众路线的情况。这导致一种不健康的社会意识，就是在有些领导干部看来，手中的权力与群众无关，个人的前程与群众“无缘”，因而淡化为人民服务的宗旨，脱离群众，漠视群众。严峻的形势把全面从严治党更加紧迫地提到全党面前，只有全面从严治党才能推进中国特色社会主义新发展，才能夺取中国特色社会主义新胜利。

---

① 习近平:《在中央党校建校 80 周年庆祝大会暨 2013 年春季学期开学典礼上的讲话》，人民出版社 2013 年版，第 5 页。

四是解决权力的正确使用问题。全面从严治党解决干部对谁负责的问题。如何把对党负责和对人民负责统一起来,这是马克思主义群众观点所要回答的又一重要问题。有的党员干部往往在执政实践中违背党的性质宗旨,处理不好对上负责与对下负责的关系,经常表现为只对上负责,不对下负责;只对个别领导负责,不对广大群众负责。心中有党、心中有民、心中有责、心中有戒,是习近平同志对县委书记提出的要求,也是对党员干部的普遍要求。

2. 把被颠倒的主仆关系颠倒过来。习近平总书记指出:“从严治党的重点,在于从严管理干部。”习近平总书记多次强调,要永做人民的忠实公仆,不能用人民赋予的权力谋取自己的私利,要把我们从事的职业真正当作为人民群众服务的事业。这是对党的干部身份和职能的准确定位。正式规制中,人民公仆是为人民服务的人员,党的干部的本质及同人民群众的关系是明确的,公仆作为一种服务性职业角色,绝不是一种享受型的岗位,如果说公仆享受到一些什么不一样的待遇,也只是因为这些待遇能使他可以更好地为人民服务,是工作所需。习近平总书记指出:“必须反对特权思想、特权现象。共产党员永远是劳动人民的普通一员,除了法律和政策规定范围内的个人利益和工作职权以外,所有共产党员都不得谋求任何私利和特权。”当然目前人民公仆的理论与实践内涵仍在不断地丰富发展着。

人民公仆角色无论从理论上还是实践上都是可能、可行的,社会主义国家的性质决定了我们能妥善处理社会主人与社会公仆的关系,执政党的使命决定了它的各级领导干部能在思想上、行动上、作风上始终保持人民公仆的本色,保持人民利益至上的价值追求,确保他们能够不负人民重托,行使好公共权力,治理国家、服务社会,他们整体上也是值得人民信赖的建设社会主义新社会的主体性力量,他们中的多数明白权力的来源和归属,能代表人民的利益,为无产阶级和整个人类工作,在理论上也不存在为个人谋取私利的必然。正如葛兰西所说,对于共产党员来说,“只存在共产主义道德、党的伦理,每个共产党员都必须、应当遵从”①。全面从严治党富有重新理顺主仆关系的意蕴,要把这种被颠倒的主仆

① ［意］葛兰西著,田时纲译:《火与玫瑰》,人民出版社2008年版,第312页。

关系颠倒过来，让人民真正成为国家的主人。从理论上进一步自觉马克思主义执政党的根本政治立场，理顺政府与人民之间服务与被服务的关系，从理论上进一步确认，实现最广大人民的根本利益，为人民谋福祉是马克思主义执政党唯一的终极奋斗目标，自觉做人民的公仆是任何一级国家机关、任何一个进入行政体系的党派组织的角色定位，为人民服务是所有进入行政体系的公职人员建立在自觉自愿基础之上的德性义务。任何担任一定公职的个人，只要是在担任公职期间，其都是为人民服务的，无论何时何地都必须守法奉公，绝不能滥用公权搞特权。社会主义国家的一切权力属于人民，各级领导干部都是代表人民管理国家行政、经济、文化和社会事务的，都应当将其为之服务的人民放在心中最高位置，想人民之所想，急人民之所急，诚恳老实、全心尽力地履行公职。要用法律制度规范保障人民的各项权利，规范政府的职能，转变政府职能，有效保证公共权力在法治规范下正确行使，确保政府科学执政、民主执政、依法执政。为此，采取了一系列切实措施。

一是执政党主动自觉地进行自我净化、自我完善、自我革新、自我提高。“与今天我们党和国家事业发展的要求相比，我们的本领有适应的一面，也有不适应的一面。特别是随着形势和任务不断发展，我们适应的一面正在下降，不适应的一面正在上升。”①全面从严治党，就是要从破解我们党面临的“四种危险”（精神懈怠、能力不足、脱离群众、消极腐败）入手，切实解决自身存在的突出问题，通过全面从严治党，加强党思想政治上的先进性和纯洁性，一刻不停地增强本领，不断增强党的创造力、凝聚力、战斗力，不断提高党的执政能力和执政水平，提高拒腐防变和抵御风险的能力，使党变得更加强大和有活力，确保党是一个坚持科学理论武装、先进性特征鲜明的党。进而增强人民群众对党的信任感，提升人民群众对党的支持度，进一步奠定党的合法性基础。德才兼备是好干部的标准，德才标准又是具体的、历史的。不同历史时期，对干部德才的具体要求有所不同。在新的历史条件下，好干部的德才内涵概括起来说，要做到信念坚定、为民服务、勤

---

① 中共中央文献研究室：《习近平总书记重要讲话文章选编》，中央文献出版社、党建读物出版社2016年版，第31页。

政务实、敢于担当、清正廉洁。而要具备这样的德才，自我净化就必须彻底全面，“全面”体现在内容上，不仅要治标转作风，还要治本反腐败，不仅要用制度“治行为”，更要用信仰塑灵魂。“全面”体现在对象上，就是把党作为一个整体来考量，全方位、全覆盖。既着眼于党员中的每一位，又着眼于党组织的每一层；既抓住领导干部这一“关键少数”，又拓展向基层普通党员；既坚决清除存量，又着力遏制增量。在全面从严治党面前，没有什么“特殊党员”，也没有什么不受监督、不担责任的组织。就是要将群众路线贯彻到干部培养选拔标准之中，从严管理干部，着力破解干部队伍建设中的突出问题，造就一支政治上坚定靠得住、工作上有本事能力过硬、作风优良、人民群众信得过的执政骨干队伍，也就是习近平总书记所要求的“既严以修身、严以用权、严以律己，又谋事要实、创业要实、做人要实”的干部队伍。这是新的历史阶段中国共产党对全心全意为人民服务理念的新要求，也是新时期以人民为中心的党建理论的重要发展，是马克思主义群众史观的时代体现。

二是除恶务尽，坚持以零容忍的态度惩治腐败，坚决彻底清除队伍中的害群之马。党在不断提升自身的抗腐反腐能力，以“刮骨疗毒、壮士断腕的勇气”进行无禁区的反腐，反腐决心和态度无比鲜明，把反腐败斗争“进行到底”压倒性态势正在形成，政治日渐清明。打“虎”无禁区，拍“蝇”无死角，对危害百姓切身利益的“苍蝇、蚊子”穷追猛打、除恶务尽，一大批“老虎”“苍蝇”被绳之以党纪国法，查处贪官的数量与级别、处理的力度与硬度、挖掘问题的深度与广度都是前所未有的。虽然让党员干部从不敢腐到不想腐还有很长的路要走，但全面从严治党已经逐渐改变了一些部门“冷、硬、横、推”的衙门作风，让不少基层群众有了实实在在的“获得感”。保持高压态势、以零容忍态度惩治腐败，不断扎紧制度的笼子，着力建设“不敢腐”的惩戒机制和“不能腐”的约束机制。保持党的先进性、纯洁性，以反腐倡廉的新成效取信于人民群众。习近平总书记在党的群众路线教育实践活动总结大会上的重要讲话中提出新形势下坚持从严治党的八项要求，要求全党落实从严治党责任，坚持思想建党和制度治党紧密结合，严肃党内政治生活，坚持从严管理干部，持续深入改进作风，严明党的纪律，中国共产党身份转换：从“革命党“到“执政党”中国共产党敢于直面问题、纠正错误，勇于从严治党、捍卫党纪，善于自我净化、自我革新。减少腐败存量、遏制腐败增量、重构政治生态，以“党纪面前人人平等，党内没有特殊党员”的原则坚守，让人们看到了党中央猛药去疴、重典治乱的决心，体会到了我们党刮骨疗毒、壮士断腕的勇气，更让人们深切感受到，我们党已步入重塑政治生态的历史新时期，中国社会正迎来清气上扬、浊气下降的发展新境界。

3. 把伸张民权、限制特权有机结合起来。鉴于人民群众在温饱问题解决以后，精神需求、政治诉求不断增强，党把“保证人民依法享有广泛权利与自由”提到了更加突出的位置，更加明确地要保证人民依法享有广泛权利与自由，强调“必须以规范和约束公权力为重点”，“一切违反宪法的行为都必须予以追究和纠正”。动真格，把权力真正关进制度的笼子。特权本身是一种利益。以形式主义、官僚主义、享乐主义和奢靡之风为主要表现的“四风”问题，实际上是特权泛滥的问题，权力滥用的直接结果是伤害人民群众的个人权利。有鉴于此，十八大以来的全面从严治党主要围绕权力的界定、分配和使用的问题做了如下工作。

一是通过坚持为民、务实、清廉的群众路线正面教育限制干部的特权。从思想教育入手，锤炼党性、砥砺品格，努力提高党员和干部的思想理论道德素质，教育干部牢固树立正确的世界观、人生观、价值观，强化政治意识、大局意识、核心意识、看齐意识，坚守共产党人的理想信念，坚决摒除私欲杂念，除了法律和政策规定范围内的个人利益和工作职权以外，所有共产党员都不得谋求任何私利和特权。把作风建设作为推进党的建设新的伟大工程的重要切入点和着力点，党中央推行的一系列全局部署、长远谋划、务求实效、深得民心的治党治国治军举措，党中央严格落实“八项规定”“六项禁令”，坚决反对“四风”，中央做出改进工作作风、密切联系群众的“八项规定”，从中央政治局带头做起，在全党深入开展党的群众路线教育实践活动，着力解决人民群众反映强烈的突出问题。厉行公务员 15 条禁令，基本刹住了政府官员的骄奢挥霍，控制、降低了政府行政成本。发布禁令的同时，大多还配有问责的措施。向服务型政府进而向法治政府转变，党在人民群众中的威信和形象进一步树立。习近平总书记指出：“工作作风上的问题绝对不是小事，如果不坚决纠正不良风气，任其发展下去，就会像一座无形的墙把我们党和人民群众隔开，我们党就会失去根基、失去血脉、失去力量。”他提出要把党的群众路线教育实践活动的主要任务聚焦到作风建设上，集中解决形式主义、官僚主义、享乐主义和奢靡之风这“四风”问题。把群众反映强烈的“四风”问题作为目标，可谓找准了穴位、抓住了要害，明确了新形势下坚持群众路线迫切需要解决的突出问题，体现了我们党对人民群众反映强烈的问题的积极回应，对解决好人民群众所思所盼问题的坚定决心。

二是依靠人民的智慧力量管控特权。全面从严治党的重要着力点之一，是强化社会力量的外部监督，紧紧依靠人民的力量，从经济、政治、意识、文化、社会等各方面彻底铲除腐败的土壤和条件。习近平总书记指出：“人民群众中蕴藏着治国理政、管党治党的智慧和力量，从严治党必须依靠人民。”首先发挥人民的监督作用，让人民监督权力，让人民成为无所不在的监督力量。权力运行的全过程必须接受人民的监督，权力的行使必须受到党纪国法的约束。要求执政党也必须是在法治的框架内发挥作用。底线是不可逾越的警戒线、是事物质变的临界点。政治底线，习近平要求党员干部明底线、守底线，为党员干部做人做事划出的四条底线，要在法律之下行使权力。每个党政组织、每个领导干部必须服从和遵守宪法法律，不能把权力作为个人以言代法、以权压法、徇私枉法的挡箭牌。对于执政党的成员来说，必须自觉维护宪法法律的权威，依法执政的方略要树立在头脑中、落实在实践中，内化成一种社会信仰、生活方式和人们的行为习惯。执政党的各项工作必须在法治轨道上推动、开展，要在党的领导、人民当家作主和依法治国的有机统一方面寻找新方式、新途径，在推进社会主义民主的制度化、规范化和程序化方面探索新举措，在通过依法执政，提高人民群众对执政党的认同，提高执政的科学性、有效性方面有新突破。

三是突出政治纪律和政治规矩。全面从严治党的制度系统性和科学性不断提升，各项规章制度的执行力不断提升，坚持正面倡导、重在立德，为党员和党员领导干部树立看得见、摸得着的高标准。《中国共产党廉洁自律准则》《中国共产党纪律处分条例》划出了必须守住的线。以纪律为不可触碰的“底线”，还要求“把纪律和规矩挺在前面”，纪在法前。用纪律和规矩管住大多数，使全体党员、干部严格执行党规党纪，把守纪律、讲规矩摆在更加重要的位置。如果说国法是公民的“底线”，那么党员的“底线”就必须严于国法，形成高于国法的“负面清单”，提出遵守政治纪律和政治规矩的“五个必须”，即“必须维护党中央权威，在任何时候任何情况下，都必须在思想上、政治上、行动上同党中央保持高度一致；必须维护党的团结，坚持五湖四海，团结一切忠实于党的同志；必须遵循组织程序，重大问题该请示的请示，该汇报的汇报，不允许超越权限办事；必须服从组织决定，决不允许搞非组织活动，不得违背组织决定；必须管好亲属和身边工作人员，不得默许他们利用特殊身份谋取非法利益”。纪律底线，按照党规党纪以更高标准严格要求自己；政策底线，党的路线方针政策是党的理论、意志、主张在治党治国、执政理政上的具体体现。党的路线方针政策一旦确立，服从和执行就是绝对的、无条件的。党的路线方针政策是全党行动的准则，是党的各级组织和党员干部不可违反、不可变通的底线。道德底线，中国共产党代表着中国先进生产力的发展要求、中国先进文化的前进方向、中国最广大人民的根本利益，对党员和党的干部来说，不仅有明确的法律底线、纪律底线和政策底线，还有人民群众心中的道德底线也必须坚守。“高压线”“红线”，不能触及，不能突破，时刻把法律与纪律的“高压线”挺在前面。事权规范化、法律化，法纪底线不可逾越。纪律面前人人平等，遵守纪律没有特权、执行纪律没有例外的要求，严守党的纪律特别是政治纪律，守住政治底线，自觉维护宪法法律的权威，让权力在法律和制度的框架内运行。增强制度的可预期性、稳定性。可以说，法律和纪律是不同领域、不同层次底线的具体体现。遵纪守法是从严治党、依法治国的必然要求，也是底线思维的重要内容。习近平总书记在 2015 年省部级主要领导干部学习贯彻十八届四中全会精神全面推进依法治国专题研讨班开班式上强调：“各级领导干部尤其要弄明白法律规定我们怎么用权，什么事能干、什么事不能干，心中高悬法律的明镜，手中紧握法律的戒尺，知晓为官做事的尺度。”

四是通过权责清单制度减权限权，限制特权。权责清单，由权力清单和责任清单组成，用于明晰政府权力的边界，关键是明确政府与市场、社会之间的权力边界。

综上所述，全面建成小康社会、全面深化改革、全面推进依法治国、全面从严治党协调推进，把全国各族人民的智慧和力量最大限度凝聚起来，共同托举起实现“两个一百年”奋斗目标、实现中华民族伟大复兴中国梦的伟大理想。“四个全面”的起点、落点都是为了让人民享有更加广泛、更加充实的权利和自由,过上美好生活。“四个全面”对经济社会发展规律的认识达到了新的高度,在理论和实践上奠定继续前行的思想基础。

二、五大新发展理念确保以人民为中心发展的方向、方式的科学性

鉴于传统的发展方式,旧常态下的发展路径已经与人类发展进步大潮不适应,走不下去了,必须在发展理念上进一步破题,深刻反思过去的发展方式与路径方法,在思想上进一步探索具有统辖、引领与导航作用的新发展理念。发展理念从“发展是硬道理”“发展是执政兴国的第一要务”,到“全面、协调、可持续发展”,再到“创新、协调、绿色、开放、共享发展”,实现了发展理念的革新升级。新发展理念是对发展本质认识和把握的新飞跃,新发展理念建立在对社会发展规律的科学认识之上,是对新时期我国经济社会发展规律的最新的科学认识,是借鉴和吸收人类有关发展理论先进成果的产物,丰富和发展了马克思主义关于推动社会历史发展应坚持合规律性与合目的性、尊重客观规律与发挥主观能动性辩证统一的基本原理。“创新、协调、绿色、开放、共享”五大发展理念对时代进步带来的新挑战进行及时回应,融整体性、协调性、平衡性、包容性、互动性、持续性于一体,代表了五种发展路径,代表当代先进、科学生产力发展的内涵要求,代表了人民对发展质量效率的新需求,代表了生产力水平总体跃升的现代生产力发展的潮流和方向,提升了发展科学化的境界。新发展理念显示了强大的包容性和强大的学习吸收能力,体现了历史责任与时代担当的高度统一,为在新的征程中努力实现好、维护好、发展好最广大人民的根本利益,把发展的出发点和落脚点放在增进人民福祉、促进人的全面发展上,提供了基本遵循。新发展理念充分反映了我们党在发展问题上的价值自觉,即为人民服务的理想信念和价值追求,从中国特色社会主义的逻辑起点上进一步回答了发展为了谁、依靠谁的根本问题,将发展手段、方式方法内化为人民群众的价值追求。把以人民为中心的发展思想进一步转换为发展理念,成为治国理政的总纲要和大逻辑,具有顶层设计的意义。新发展理念进一步解决发展的本质和方向问题,把当代中国发展的价值目标进一步具体化,进一步把人民利益放在至高无上的位置,确保了发展方向和方式的科学性,增强发展的统一性、包容性和可持续性,也确保了党为人民服务的真实性，是党真为人民服务的具体体现，是党在执政实践中坚持实事求是、求真务实的生动体现，是体现时代性、把握规律性、富于创造性又一光辉范例。新发展理念必将使我们的思想和行动更加符合客观实际，加快兑现“人民对美好生活的向往，就是我们的奋斗目标”的诺言。

总之。“创新、协调、绿色、开放、共享”属于新思想、新理念，人民群众的思想和行动必将进一步获得科学纲领的指导和引领。

（一）创新发展——从动力上确保党为人民服务的宗旨得到真正落实

从解放思想到深化体制机制改革，我们以自我革命的政治勇气向顽瘴痼疾开刀，保证了我们既不走封闭僵化的老路、也不走改旗易帜的邪路，全方位、多层次、宽领域的理论创新、实践创新、制度创新成为引领发展的第一动力——内生动力和活力。

大幅提高科技进步对经济社会发展的贡献率，创新驱动发展是当代发展的首选，包括科技创新、理论创新、制度创新、管理创新。创新驱动发展战略带来体制机制以及社会发展各个环节的革故鼎新，使国家焕发出新的蓬勃生机，使中国大踏步赶上时代潮流，创新是合规律、合目的，自觉遵循历史发展规律。处在历史发展的十字路口，在世界社会主义的实践进程中，正确认识社会主义本质、内涵、制度、战略、条件，充分吸取国内外制度创新的积极成果，形成高度现实性和可行性的正确道路。处在以新型网络通信技术、制造技术、新能源技术等为核心的新技术革命蓬勃兴起的时代，必须利用科学技术的创新发展，解决未来社会的各种复杂问题，必须把创新摆在国家发展全局的核心位置，进一步提升创新发展的主动性和自觉性，突出知识和信息技术对增长的重要价值，把发展基点放在创新上，让创新成为牵动经济社会发展全局的“牛鼻子”，让创新成为引领发展的第一动力，让科学技术创新成为真正为大众谋利益的动力，成为推动社会主义发展的强大动力。“作为中国共产党领导发展的指导思想和居国家发展全局核心位置的创新理念，无论是内涵还是外延，都不同于一般意义上的创新。从内涵看，创新理念主要包括三个方面：一是以技术创新为先导的科技经济创新；二是以体制、机制创新为载体的制度创新；三是以思维方式、观念理念创新为主要内容的思想创新。从外延看，创新理念既包括生产力、生产关系创新，也涵盖经济基础、上层建筑、意识形态创新；既包括生产方式、消费方式创新，也涵盖思维方式、社会治理方式创新。"①马克思明确指出：对于资本主义社会而言，"蒸汽机、电力和自动纺织机甚至是比……布朗基诸位公民更危险万分的革命家"②。强调创新法治与关于科学技术是第一生产力等理论是一脉相承的，是合乎发展规律和发展目的的。

运用现代信息技术改造传统工业和农业，要通过创新切实驱动经济发展和各方面发展，提高我国科技自主创新的能力，产生具有标志性意义的重大原创成果。创新不仅仅是生产技术的创新，也包括生产关系的创新以及理论创新、制度创新、科技创新和文化创新。只有以创新为引擎，引导劳动力、资本、土地、技术、管理等要素围绕创新发展优化配置，引导创新资源向创新活动集聚，推动大众创业、万众创新，才能形成发展新动力，进而推动科学发展。

进行了深入思考，积极参与全球经济治理，概括起来主要有：其一，在关系国计民生和产业命脉的重要领域，政府要积极作为，创造自由公平竞争的法治环境。要"加强支持和协调，总体确定技术方向和路线，用好国家科技重大专项和重大工程等抓手，集中力量抢占制高点"③。其二，在促进创新的宏微观领域，要加强宏观规划引领、顶层设计和统筹协调。在微观上，要进行创新主体的微观规制，政府还要在基础科学、哲学社会科学、公益技术、公共安全等领域发挥主要作用。其三，要加大科技投入力度，引导企业和社会增加研发投入。同时要采取措施，加大资本市场对科技型企业的支持力度。其四，要完善推进企业技术创新的税收政策。其五，维护创新秩序。最重要的是，加强知识产权保护工作。这是实现创新成果外部性内部化，激励创新主体积极性的重要前提。其六，发挥社会主义集中力量办大事的优势。要言之，要加强统筹协调，集中力量办大事，抓基础、抓重大、抓尖端、抓基本，引导和撬动各方面的积极性，才能形成自主创新的强大合力。

---

① 程恩富、谭劲松：《创新是引领发展的第一动力》，《马克思主义与现实》2016 年第 1 期。

② 《马克思恩格斯全集》（第三十一卷），人民出版社 1998 年版，第 91 页。

③ 中共中央文献研究室编：《习近平关于科技创新论述摘编》，中央文献出版社 2016 年版，第 57—58 页。

党的十八大以来,以习近平同志为核心的党中央高度重视科技创新,非常关注科技发展的最新进展和趋势,关注基本科学问题,推动实施创新驱动发展战略,发挥科技创新在全面创新中的引领作用。习近平总书记要求,要抢抓新科技革命和产业变革历史机遇,“牢牢把握科技进步大方向”,“牢牢把握产业革命大趋势”,努力在重大创新领域抢占先机、实现突破,增强原始创新、集成创新和引进消化吸收再创新能力,加快实现我国在重要科技领域由跟跑者向并行者和领跑者的根本转变。加快从要素投资驱动向创新驱动转变,尽快形成以创新为主要引领和支撑的经济体系和发展模式,充分利用国际国内两个市场、两种资源。

(二)协调发展——从方法上确保党为人民服务的宗旨得到真正落实

协调发展是社会主义的内在要求和基本特征之一。协调发展,既包括城乡协调、区域协调、物质文明与精神文明协调、经济社会文化国防发展的协调,也包括市场经济与宏观调控、效率与公平、需求与供给、各种经济成分之间、不同群体之间、中央与地方、地方与地方之间的协调,经济、政治、文化、社会、生态文明建设协调发展,五个方面缺一不可,生态文明建设纳入总体布局,生产关系与生产力、上层建筑与经济基础相适应。要求物质文明和精神文明协调,处理好局部和全局、当前和长远、重点和非重点的关系,增强发展的协调性和平衡性。中国特色社会主义进入新时代,我国社会主要矛盾已经转化为人民日益增长的美好生活需要和不平衡不充分的发展之间的矛盾。我们必须努力实现各个区域之间、城乡之间、社会的不同行业和不同群体之间的动态平衡和结构优化、相互联动。

协调发展是尊重市场规律前提下的主动作为,是以提高发展质量和效率为中心,实现更高质量、更有效率、更加公平、更可持续的发展,是遵循经济规律的科学发展,是遵循自然规律的可持续发展,是遵循社会规律的包容性发展。目前在我们这个幅员辽阔、人口众多的国家,经济正处在逐步从中低端水平向中高端水平迈进的爬坡过坎阶段,协同推进城乡发展一体化,推进民族地区、边疆地区、贫困地区的发展,推动基本公共服务均等化愈加紧迫,去产能、去库存、去杠杆、降成本、补短板就是要解决发展中不平衡、不协调、不可持续等问题,正确处理发展中的重大关系,补齐在社会事业发展、生态环境保护、民生保障方面存在的一些明显短板。协调发展就是要坚定走绿色发展道路,即生产发展、生活富裕、生态良好、人民物质生活和精神生活都改善的文明发展道路，加快建设资源节约型、环境友好型社会，形成人与自然和谐发展现代化建设新格局。

（三）绿色发展——从方向上确保党为人民服务的宗旨得到真正落实

绿色发展理念进一步丰富和发展了马克思主义关于人和自然关系的思想。绿色发展是尊重自然、顺应自然、保护自然的理性宏观发展图景，是人和自然之间、人和人之间的"真正和解"。方向是行动的先导，绿色发展理念是先进的理念和创造性思想，必然引领生态文明建设迈入新境界，引领我们切实保护和合理利用各种资源，有效防止在开发利用自然上走弯路，创造人类美好幸福生活，进而从方向上确保党为人民服务的宗旨得到真正落实。

绿色是人类文明永续发展的必要条件，天蓝、地绿、水清意味着更高质量的生活和更高的幸福指数，是一种新的文明境界。实现中华民族伟大复兴的中国梦，就必须处理好人与自然的关系，确保环境保护与经济发展同行，不断满足人民日益增长的优美生态环境需要。中国美丽是人民富裕、国家富强的应有本质内涵，"绿色发展""美丽中国"是以人民为中心的发展思想的重要体现，如果没有青山绿水，即使满地都是金山银山，也很难有人民的美好生活。绿色发展要求自觉改变无视自然内在规律的生产方式、生活方式和价值取向，要求发展不超出水土资源的承载能力和环境容量，节省能源资源，加强环境保护，保护和发展生产力。

绿色发展理念的提出，顺应了时代发展潮流，实现了对人与自然关系的科学理解和正确处理，表明我们将从生产方式、生活方式和消费方式等方面调节人自身的行为与活动。统计显示，2016 年中国成为全球最大的可再生能源生产和消费国，贡献了全球可再生能源产量增长的 40% 以上。其背后是中国为应对全球气候变化做出的不懈努力，在绿色能源时代展现了中国担当。2016 年，中国（大陆）可再生能源消费量为 86.1 百万吨油当量，同比增长 33.4%，占全球可再生能源消费量的 20.5%，成为全球最大的可再生能源消费国。中国在全球环境治理体系中的话语权和影响力在日益增强，中国积极参与、推动并签署了《巴黎协定》，是最早通过立法程序认定《巴黎协定》的国家之一，也是最早向联合国提交应对气候变化国别方案的国家之一。绿色发展强调充分尊重、发展自然内在价值，全面推进能源资源节约利用、节约社会资源、避免社会财富破坏的发展。绿色发展要求发展必须处理好人与自然关系，处理好生态环境与经济发展的关系，必须把生态文明建设摆在更加突出的位置，必须让绿色发展成为新的综合国力和国际竞争新优势，开创社会主义生态文明新时代。

绿色发展是中华民族永续发展的根本大计，要求统筹经济增长、社会发展、环境保护，坚决摒弃"先污染、后治理"的"黑色发展"道路，倡导以生态技术为支撑的发展方式，形成绿色发展方式和生活方式，向低碳、环境友好、资源高效利用和可循环的经济增长方式转型，实现经济社会发展和生态环境保护协同共进，推进美丽中国建设，建设天蓝、地绿、水净的美好家园。

（四）开放发展——从战略上确保党为人民服务的宗旨得到真正落实

当代世界，各国间的经济联系日益紧密，错综复杂，难分难解。马克思、恩格斯当年预言："各个相互影响的活动范围在这个发展进程中越是扩大，各民族的原始封闭状态由于日益完善的生产方式、交往以及因交往而自然形成的不同民族之间的分工消灭得越是彻底，历史也就越是成为世界历史。"①全球化已经成为一个现实，人们思考问题的起点应当是全球化。"孤立、封闭、隔绝，总是和落后的社会生产力水平联系在一起，反之也如此，即交流、交往、开放，往往是和先进的社会生产力水平联系在一起的。"②中华民族日益从封闭半封闭走向开放。改革开放是当代中国发展进步的活力之源，是决定当代中国命运的关键一招。只有在谋求相互尊重、平等互利的基础上继续融入国际社会，顺应时代潮流和人民愿望，国家才会继续进步。随着全球化进程的深化，各类资源需要在全世界范围内流通、配置，各国都在考虑如何构建能够切实保障自身基本利益的合作体系。习近平于 2015 年 9 月 28 日在联合国发表题为《携手构建合作共赢新伙伴同心打造人类命运共同体》的演讲中提出"全人类的共同价值"的概念，是对当代人类文明基本价值观的一个新的表述。强化人类命运共同体意识，推动建立以合作共赢为核心的新型关系，积极发展同世界各国平等互利的合作关系，在求同存异

---

① 《马克思恩格斯全集》（第一卷），人民出版社 1995 年版，第 88 页。

② 于沛：《从大历史观看人类命运共同体》，《求是》2019 年第 3 期。

中谋求共同发展。要求全党必须顺应我国经济深度融入世界经济的趋势，奉行互利共赢的开放战略，发展更高层次的开放型经济，从注重"引进来"的单向开放转向"引进来"和"走出去"并重的全方位开放，促进国内外要素有序流动和市场深度融合，切实提高我国在全球范围内配置资源的效率和能力。必须学习和借鉴人类文明一切有益的东西，奉行互利共赢的开放战略，发展更高层次的开放型经济，构建广泛的利益共同体。

一是独立自主与合作共赢的关系。独立自主的关键是坚持中国特色社会主义道路。当今世界，和平、发展、合作、共赢成为时代潮流，各国相互联系、相互依存的程度空前加深，中国作为一个超大型国家的和平发展，面临人口、资源、环境和社会发展的巨大压力，强调独立自主、保持发展定力仍然有重要的现实性。没有独立自主，也就谈不上合作共赢。

二是正确统筹自力更生与扩大开放、扩大内需和利用国际市场的关系。如前所述，我国必须密切关注世界科学技术的最新发展，更好地利用国内外两种资源、两个市场，扩大开放。但是，扩大开放绝不意味着简单地扩大对外经济依赖度。它必须以更好地坚持自力更生和扩大内需为前提，不能片面强调一个方面忽视另一个方面。自力更生与扩大内需是强国之本，是中国制定发展战略、对外开放政策的立足点和出发点，任何时候都必须坚持。

三是正确处理国际交往中"义""利"关系。2014 年 7 月，习近平在出访韩国时明确提出："在国际合作中，我们要注重利，更要注重义。"他还更进一步阐述了这种新义利观的主要内涵："政治上，要遵守国际法和国际关系基本原则，秉持公道正义，坚持平等相待。""经济上，要立足全局、放眼长远，坚持互利共赢、共同发展，既要让自己过得好，也要让别人过得好。""只有义利兼顾才能义利兼得，只有义利平衡才能义利共赢。"这些思想也都大大地丰富了构建开放型国际经济新体系的内涵。

总之，习近平关于自主高水平开放的基本思想是："要坚持对外开放基本国策，善于统筹国内国际两个大局，利用好国际国内两个市场、两种资源，发展更高层次的开放型经济，积极参与全球经济治理，同时坚决维护我国发展利益，积极防范各种风险，确保国家经济安全。"

(五)共享发展——从解决生产成果分配领域的问题,确保党为人民服务的宗旨得到真正落实

中国特色社会主义的本质决定了发展的主体是人,发展的目的是人。在人类社会具体历史环境中,不可能有超出历史条件的共享,要求随着社会的物质生产方式的变化,抓住权利平等这个关键和要害,实现兼顾效率与公平的发展,注重保基本、兜底线的民生,公平公正,物质条件的改善、精神生活的丰富,要求实现真正的区域协调发展,解决经济飞速发展后的利益分配或利益共享问题,全体社会成员共同享有。改革开放以来,我国以世界上少有的速度持续快速发展起来,在增进人民福祉、促进人的全面发展方面取得巨大成就,人民生活质量和社会共享水平显著提高,但仍存在经济资源分布的不平等、基本公共服务不均等、地区收入差距较大、部分群众生活比较困难等问题。社会消费资料的分配是由该社会的生产条件即生产要素的分配决定的,需要通过特殊的分配形式和分配机制来实现(通过社会扣除和按劳分配共享社会总产品)。在共享改革发展成果上,无论是实际情况还是制度设计,都还有不完善的地方。“习近平总书记系列重要讲话中多次阐述共享发展问题,概括起来,其内涵主要有4个方面。一是从共享的覆盖面说,叫作全民共享。共享发展是人人享有、各得其所,而不是少数人共享、一部分人共享。全面小康,覆盖的人口要全面,是惠及全体人民的小康。我们不能一边宣布全面建成了小康社会,另一边还有几千万人口的生活水平处在扶贫标准线以下,这既影响人民群众对全面建成小康社会的满意度,也影响国际社会对我国全面建成小康社会的认可度,要确保各族群众如期实现全面小康。二是从共享的内容说,叫作全面共享。共享发展就要共享国家经济、政治、文化、社会、生态各方面建设成果,全面保障人民在各方面的合法权益,促进人的全面发展。三是从共享的实现途径说,叫作共建共享。共建才能共享,共建的过程也是共享的过程。要充分发扬民主,广泛汇聚民智,最大激发民力,充分调动人民积极性、主动性、创造性,形成人人参与、人人尽力、人人都有成就感的生动局面。四是从共享发展的推进进程说,叫作渐进共享。一口吃不成胖子,共享发展必将有一个从低级到高级、从不均衡到均衡的过程,即使达到很高的水平也会有差别。我国正处于并将长期处于社会主义初级阶段,我们不能做超越阶段的事情,

但也不是说在逐步实现共同富裕方面就无所作为，而是要根据现有条件把能做的事情尽量做起来，积小胜为大胜。我们要立足国情、立足经济社会发展水平来思考设计共享政策，既不裹足不前、铢施两较、该花的钱也不花，也不好高骛远、寅吃卯粮、口惠而实不至。上述四方面内容又是相互贯通的，我们要整体理解和把握，更好地把共享的发展理念贯穿到各项工作中，不断朝着全体人民共同富裕的目标前进。"①共享发展不是孤立的分配活动，还是权利公平、机会公平、规则公平的必然结果，是在生产资料社会所有制基础之上共有、共劳、共管的结果，生产资料的共同所有和劳动力的个人所有是全体社会成员共享发展的制度前提。

只有增加公共服务供给，实施脱贫攻坚工程，缩小收入差距，建立更加公平更可持续的社会保障制度，才能实现人民满意的包容性发展。公共服务的普惠性、保基本、均等化，必须坚持发展为了人民、发展依靠人民、发展成果由人民共享，使全体人民在共建共享发展中有更多获得感。"当诺言不断地引起期待而又始终不得实现时，通常总是产生厌倦和冷淡的。"②共享发展注重的是解决社会公平正义问题，重视民生改善和社会公平的，"十三五"时期是我国全面建成小康社会的决胜阶段，在补齐短板上下功夫，把坚持共享发展落实到七个方面：增加公共服务供给，实施脱贫攻坚工程，提高教育质量，促进就业创业，缩小收入差距，建立更加公平更可持续的社会保障制度和推进健康中国建设。

五大发展理念对破解经济长期高速增长所积累的矛盾和问题、实现中国经济的持续健康发展，具有根本性的指导作用。③ 五大发展理念的价值诉求高度一致，在本质上都坚持以人民为中心，具有强烈的问题意识和现实针对性，对于破除传统发展方式背后的传统思维方式，催生一个更加成熟、更加完善的动力机制，对破解发展难题、厚植发展优势，引领发展朝更高质量、更有效率、更加公平、更可持续的发展具有深远的意义，必将确保党为人民服务的宗旨得到了真正

---

① 评论员：《坚持共享发展是中国特色社会主义的本质要求——七论认真学习贯彻党的十八届五中全会精神》，《求是》2016 年第 6 期。

② ［德］黑格尔著，贺麟、王玖兴译：《精神现象学》（上），商务印书馆 1979 年版，第 8—9 页。

③ 胡鞍钢、杨竺松：《习近平经济思想：当代马克思主义政治经济学的重大创新》，《人民论坛》2016 年第 1 期。

落实。

新时代人民群众观之所以是科学的，就在于它不带任何主观随意性，而是坚持马克思主义的科学实践观，即实践是人的有目的的行为，其目标指向人的自由和解放，人的目的、期望的实现和需要的满足是实践发展的动力，实践又必须遵循客观规律才能成功，而且它本身就是客观的物质活动，把社会历史看作人的活动，认为历史是人的创造，社会生活在本质上是实践的。从社会发展的最终决定力量即生产力发展的客观要求出发，最大限度地集中全党、全社会的智慧于全局工作的关键环节、重点领域和主攻方向，使我们的实践活动达到了合规律性和合目的性的高度统一。

新时代人民群众观相信群众、依靠群众，尊重人民主体地位，发挥群众首创精神，紧紧依靠人民推动改革，促进人的全面发展，坚持以人民为中心的发展思想，强调人民至上，把人民利益作为出发点和落脚点。同时，新时代人民群众观始终以生动的生活实践和丰富的社会实践为基础和原动力。新时代人民群众观要求我们不仅要善于全面准确地掌握马克思主义国家立场、观点和方法，更要能自觉运用马克思主义的立场、观点和方法分析解决现实问题。只有不断提高人民群众的物质文化生活，不断提升经济科技等，满足更多人的生活幸福追求，用新发展理念引领发展实践，发展为了人民、发展依靠人民、发展成果由人民共享，使全体人民在共建共享发展中有更多获得感，才能反映了中国人民的意愿，适应了中国和时代发展的进步要求。

主要参考文献

《马克思恩格斯文集》(第一卷),人民出版社 2009 年版。

《马克格恩格斯选集》(第三卷),人民出版社 1995 年版。

《马克思恩格斯选集》(第四卷),人民出版社 1995 年版。

《列宁选集》(第四卷),人民出版社 1995 年版。

《列宁专题文集论辩证唯物主义和历史唯物主义》,人民出版社 2009 年版。

《毛泽东选集》(第三卷),人民出版社 1991 年版。

习近平:《在庆祝中国人民政治协商会议成立 65 周年大会上的讲话》,人民出版社 2014 版。

《习近平谈治国理政》(第二卷),外文出版社 2017 年版。

习近平:《关于协调推进四个全面战略布局论述摘编》,中央文献出版社 2015 年版。

习近平:《青年要自觉践行社会主义核心价值观——在北京大学师生座谈会上的讲话》,人民出版社 2014 年版。

中共中央文献研究室编:《习近平总书记重要讲话文章选编》,中央文献出版社、党建读物出版社 2016 年版。

中共中央文献研究室编:《习近平关于全面建成小康社会论述摘编》,中央文献出版社 2016 年版。

《中国共产党第十八届中央委员会第三次全体会议文件汇编》,人民出版社 2013 版。

中共中央宣传部编:《习近平总书记系列重要讲话读本(2016 年版)》,学习出版社、人民出版社 2016 年版。

中共中央文献研究室编:《十八大以来重要文献选编》(上),中央文献出版社 2014 年版。

[法]孟德斯鸠著,张雁深译:《论法的精神》(上),商务印书馆 1987 年版。

[法]卢梭著,何兆武译:《社会契约论》,商务印书馆 1980 年版。

[德]黑格尔著,贺麟、王玖兴译:《精神现象学》(上),商务印书馆 1979 年版。

[英]卡尔·波普尔著,陆衡等译:《开放社会及其敌人》,中国社会科学出版社 1999 年版。

[美]斯蒂芬范埃弗拉著,陈琪译:《政治学研究方法指南》,北京大学出版社 2006 年版。

[意]葛兰西著,田时纲译:《火与玫瑰》,人民出版社 2008 年版。

[美]约瑟夫·熊彼特著,吴良健译:《资本主义、社会主义与民主》,商务印书馆 1999 年版。

[法]托马斯皮凯蒂著,巴曙松等译:《21 世纪资本论》,中信出版社 2014 年版。

[古希腊]亚里士多德著,颜一、秦典华译:《政治学》,北京大学出版社 2005 年版。

[美]乔治·萨拜因著,[美]托马斯·索尔森修订,邓正来译:《政治学说史》(上卷),上海人民出版社 2008 年版。

[美]爱德华·希尔斯著,傅铿、吕乐译:《论传统》,上海人民出版社 1991 年版。

[英]约翰史蒂文森著,董晓黎译:《彩色欧洲史》,中国友谊出版公司 2007 年版。

[美]帕尔默著,何兆武等译:《现代世界史》,世界图书出版公司 2009 年版。

李泽厚:《批判哲学的批判》,上海三联书店 2007 年版。

于海:《西方社会思想史》,复旦大学出版社 2005 年版。

李少斐:《社会主义理想信念教育方式、方法再探讨》,社会科学出版社 2016 年版。

郭淑颖、王平:《十八大以来马克思主义群众观若干重要观点的新发展》,《东北师大学报》(哲学社会科学版)2015 年第 1 期。

王伟光:《马克思主义中国化的当代理论成果——学习习近平总书记系列重要讲话精神》,《中国社会科学》2015 年第 10 期。

何虎生:《人民是改革开放进行到底的最大推动力》,《人民论坛》2018 年 36 期。

张泽强:《理解马克思主义中国化主体需要注意把握的几个关系》,《思想理论教育》2014 年 2 期。

杜鸿林:《习近平对中国特色社会主义人民群众观的丰富发展》,《中共天津市委党校学报》2014 年第 5 期。

周文彰:《全面推进依法治国进程中我国社会发展展望》,《理论视野》2015 年第 2 期。

沈辰辰、袁寿其:《习近平社会主义法治思想的人本向度》,《江苏大学学报》(社会科学版)2015 年第 4 期。

郭广银:《习近平关于人民主体地位的思想》,《中共中央党校学报》2014 年第 5 期。

中国社会科学院中国特色社会主义理论体系研究中心:《习近平同志的执政思想初探》,《湖南社会科学》2014 年第 4 期。

胡雨晗:《以人民为中心经济发展方略的理论解析》,《改革与战略》2018 年第 11 期。

韩玉芳、何军:《习近平全面深化改革思想的方法论特征及其启示》,《新视野》2014 年第 6 期。

王利明:《加强人格权立法 保障人民美好生活》,《四川大学学报》(哲学社会科学版)2018 年第 3 期。

谭扬芳:《论习近平群众观的三大来源》,《党建》2014 年第 10 期。

陈晋:《为什么说群众路线是个“法宝”》,《党建》2013 年第 7 期。

王丹、邱耕田:《人民检验论》,《浙江社会科学》2018 年第 10 期。

赵汇、毕研永:《新时代党建新要求的人民性意蕴》,《中国特色社会主义研究》2018 年第 1 期。

牟成文:《马克思的群众观及其哲学变革》,《中国社会科学》2012 年第 2 期。

方世南:《从时代性视野深刻认识中国梦的理论价值和实践意义》,《中共云南省委党校学报》2014 年第 1 期。

赵曜:《中国特色社会主义是科学社会主义基本原则的创造性运用和发展》,《科学社会主义》2013 年第 2 期。

王利明:《新时代中国法治建设的基本问题》,《中国社会科学》2018 年第 1 期。

程恩富、谭劲松:《创新是引领发展的第一动力》,《马克思主义与现实》2016 年第 1 期。

韩庆祥:《习近平以人民为中心的政治经济学说》,《人民论坛》2016 年第 1 期。

曲青山:《深刻认识和坚信中国特色社会主义的科学性》,《求是》2016 年第 6 期。

赵汇:《论中国特色社会主义的世界性意义》,《教学与研究》2009 年第 5 期。

于沛:《从大历史观看人类命运共同体》,《求是》2019 年第 3 期。

梅荣政:《新时代党的政治建设的根本出发点和落脚点》,《红旗文稿》2018 年第 19 期。

柳成焱:《"人民公仆"的历史由来与现实意义》,《中国纪检监察报》2013 年 5 月 9 日。

张占斌:《常怀忧民爱民为民惠民之心——深入学习贯彻以人民为中心的发展思想》,《人民日报》2017 年 2 月 22 日。

严书翰:《群众路线是最为重要的软实力》,《北京日报》2013 年 6 月 17 日。

任仲平:《标注治国理政新高度》,《人民日报》2016 年 5 月 3 日。

人民日报评论员:《领导干部要学会通过网络走群众路线——二论学习习近平在网络安全和信息化工作座谈会重要讲话》,《人民日报》2016 年 4 月 22 日。

后 记

人民既是历史的创造者,也是历史的见证者,既是历史的"剧中人",也是历史的"剧作者"。全面建设社会主义现代化国家的实践本身就是亿万人民群众在新的历史起点上,在中国特色社会主义旗帜下共创美好生活的奋斗过程,是一个遵循科学理性全面推进伟大事业的群众性历史活动过程。全面建设社会主义现代化国家,意味着我国的现代化建设到了提质增效、转型升级的阶段。必然要求进一步尊重人民群众的主体地位和劳动成果,发挥好人民群众在创造历史的自主活动中的历史作用,走出一条新型的社会主义现代化道路。必然要求从制度上进一步明确社会主义生产的目的,进一步贯彻以人民为中心的发展思想,进一步增强国家治理的人民主体性。必然要求我们超越以资本增殖为最高原则的资本主义现代性逻辑,更加准确把握住亿万人民的所愿所盼,深度实现科学社会主义基本原则,集中力量解决关系全局、起决定性作用的主要矛盾,牢牢将增进民生福祉作为发展的根本目的,积极推进攸关 14 亿中华儿女共同利益的共同事业,实现经济与社会各个方面的协调全面发展,为保障人民的生存权利、发展权利及其他各项权益,提供有足够的物质载体和制度性保证。全面建设社会主义现代化国家,顺应人民过上美好生活的新期待,集中体现了我们党立党为公、执政为民的执政理念和执政目标,必将让 14 亿人民都成为美好梦想的拥有者和实现者。

伟大梦想是拼出来的、干出来的,幸福生活是奋斗出来的。全面建设社会主义现代化国家，必须坚持“批判的武器当然不能代替武器的批判，物质力量只能用物质力量来摧毁”这一历史唯物论原理，进一步强化贯彻党在社会主义初级阶段基本路线的理论与实践自觉。要求在坚持和强化党的基本路线这一生命线、幸福线的问题上，继续保持理论上的足够清醒和政治上的足够坚定。要求牢牢立足社会主义初级阶段这个最大实际，更准确地把握我国社会主义初级阶段不断变化的特点，坚持党的基本路线、基本方略、基本理论不动摇，一以贯之坚持发展是解决一切问题的基础和关键，不断增强中国共产党驾驭经济社会发展大局的卓越能力和强大战略定力，做到改革不停顿、开放不止步，不断推进生产关系的完善和改革，加快完善社会主义市场经济体制，推动形成全面开放新格局，增强发展的全面、协调、可持续性，全面加大经济、政治、文化、社会、生态文明“五位一体”建设布局的构建力度，为中国特色社会主义发展奠定更加坚实的物质文化基础。

全面建设社会主义现代化国家更需要呼唤新精神、新力量，更加需要伟大思想的闪电来照亮，以保持永不懈怠的精神状态和一往无前的奋斗姿态。要求以更强大的自我革命精神，以更大的政治勇气和智慧推进思想再解放，不断巩固和锻造新的伟大觉醒的理论基础和思想武器。历史已经雄辩地证明，解放思想是解放和发展社会生产力、解放和增强社会活力的总开关，解放思想已经成为坚持和发展中国特色社会主义的强大动力，成为我们寻找正确方向、激发创新的巨大动力、潜力和活力，也是战胜一切困难的法宝。思想解放无止境，思想解放永远在路上，要求党“经常自己批判自己”，以更加彻底的自我革命精神，掌握好伟大的认识工具和强大的看家本领，不断用马克思主义补钙壮骨、凝神聚气，激发动力、凝聚合力、增加活力，不断实现思想路线、工作路线和根本方法的创新。要求我们在新的起点上进一步解放思想，以更大的决心和力度突破习惯势力和主观偏见的束缚，全方位激发思想活力和进取动力，进一步运用创新思维解决新问题、把握新机遇，以确保我们的视野、思想观念、认知水平始终跟上时代发展的步伐，应对复杂矛盾、解决现实问题，于变局中开新局，不断开创中国特色社会主义事业新局面。

新时代人民群众观更加自觉地坚持和运用辩证唯物主义世界观和方法论，

接受马克思主义哲学智慧的滋养,总结了新时代实践经验,形成了一系列规律性认识。新时代人民群众观确认了人民群众的历史创造者和真正英雄的崇高历史主体地位,进一步确认历史的必然与人民的选择高度一致,自觉到人民群众是改革开放事业的实践主体,认识到中国人民拥有伟大梦想,更拥有为实现伟大梦想而吃苦耐劳、实干苦干的伟大精神,中国人民的智慧、勤劳、勇敢与中华民族的发展壮大息息相关,进一步保证代表先进生产力和生产关系,使用实践力量的人获得平等参与、平等发展的经济、政治权利。新时代人民群众观进一步相信群众,依靠群众,真实反映民心、民意,有效汇集民智、民力,承认人民的眼睛是雪亮的,确认人人都有摄像机,人人都是麦克风,人人都可发消息,确认实践是否具有真理性,不靠魔术师的三言两语来证明,要受客观实际检查,要接受人民这个最高裁决者裁决。

本课题为天津社会科学院重点研究(应急)课题(14YYJ－01),于2014年获准立项,于2018年6月终稿。由于研究对象为新时代人民群众观,不独研究对象的政治重要性、政治敏感极性强,且研究对象变动不居至今仍处于快速发展变化之中,导致理论把握研究的难度远超预期,致使原有研究计划赶不上形势变化,不得不多次更易。为确保高质量完成研究任务,我们本着时间服从质量、计划服从目标的精品原则,及时调整原有研究计划,认真展开研究,充分依托和借重天津社会科学院及马克思主义研究所的雄厚学术资源积累,一丝不苟历时数载,终于完成了规定研究任务,取得较好的阶段性成果,发表4篇学术论文,最终形成这部专著。

本书是天津社会科学院重点研究(应急)课题(14YYJ－01)的最终结项成果。本书立足于马克思主义在当代中国发展的实践基础和现实需要,对人民群众观思想(贯穿在党的全部理论和实践之中)进行新的理论概括和阐释,在尽可能占有丰富资料的前提下,在客观公正地呈现理论发展历史事实的基础上,深入挖掘新时代人民群众观具有的创新意义的重大思想,并将其放在改革开放的总进程中洞悉把握其重要意义和深刻内涵,放在马克思主义理论体系发展的历史长河中审视其特点和贡献,力求全面、准确、深入地把握新时代人民群众观的理论渊源、理论品格、新的实践特色和实践逻辑,深刻揭示其发展变化的经济、政治文化前提,深刻把握其所具有的时代性、人民性和创新性等特征,进而深入探究这一鲜活的马克思主义最新成果与之前的相关成果的“一脉相承,承在哪里”,“与时俱进,进在何处”的问题,进一步厘清新时代人民群众观与其他重大思想成果之间的内在逻辑关系,进而深刻揭示党的创新理论之树常新、长青的内在理据与现实启示,对如何运用新时代人民群众观指导新实践的方法路径等问题做了深入探讨。

本课题属于多学科综合性、融合性研究,通过对新时代人民群众观的深入研究,进一步深悟新时代中国特色社会主义思想内蕴的坚定信仰追求、历史担当意识、真挚为民情怀、务实思想作风,进而不断深化对党的理论创新成果的理解和把握,进而为深入学习贯彻习近平新时代中国特色社会主义思想,在重大理论认知上向以习近平同志为核心的党中央看齐,提供足够的学理支撑,这无疑是本研究的学术价值所在。从实践层面看,本课题研究对于执政党固本培元,坚定理想信念,增强政治定力,不断提高在中国特色社会主义道路上实现中国梦的思想自觉和行动自觉,具有一定的理论价值,对于在具体实践中不断创新贯彻党的群众路线的新路径、新方法具有一定的现实意义。

本课题对于如何运用和落实习近平总书记所发展的马克思主义人民群众观,指导新实践的方法路径等问题上的研究还不够彻底,对于究竟需要采取或能够采取何种措施和办法,如何深入开掘人民群众路线所蕴含的民意与民主等合法性资源,如何有效地制约执政权力,正确行使执政权力等问题的研究还比较薄弱。总之,本课题的研究仍存在意犹未尽之处,马克思主义的人民群众观本身的科学真理性问题还有继续探索的空间,还需要深入回答马克思主义群众观为什么比其他群众观更科学、更合理,还需要用广阔的历史眼光来审视,需要放在人类文明发展的总进程中,放在改革开放的历史进程中去观照、去衡量。

本书的出版还得到本人所在单位天津社会科学院相关部门及马克思主义研究所同仁的大力支持和帮助,在此一并致谢。